心理学
エレメンタルズ

フィリップ・バニアード＝著
鈴木聡志＝訳

心理学への異議

誰による、誰のための研究か

新曜社

CONTROVERSIES IN PSYCHOLOGY
by Philip Banyard

Japanese translation published by arrangement with
Taylor & Francis Books Ltd through The English Agency (Japan) Ltd.

目次

装幀＝加藤俊二

図表リスト

謝辞

著者は、本書を準備するにあたって、ネルソン・マンデラ、『そりゃないぜ!? フレイジャー』のキャスト、それにヌーキー・ベアから大いに得るところがあり感謝したい。もっとも、その誰にも会ったことがないので、そうしたくともできない。だが、マット・ジャーヴィス、同僚のマーク・シェヴリン、マーク・グリフィス、マーク・デイヴィス、そしてヌーア・ジェイハン・ディスカッション・グループの他のメンバーからいただいた有益なコメントには感謝できる。また、自分の意見をもち、それを表現するよう励ましてくれた両親にも感謝したい。

著者および出版社は、本書に収録することを許可してくれた著作権保持者全員に、感謝したい。著作権保持者と連絡を取るため全力を尽くしたが、適切に許諾表示がなされていない場合には、著作権保持者におかれては出版者に連絡をされたい。

序章

心理学における論争

◆コントロール
◆心理学を人々のものとする
◆人間の間にあると受け止められた違い
◆人間の本性
◆社会ダーウィニズム
◆真の論点
◆おわりに一言

論争（controversies）とは何だろう？　2つ以上の**意見**があるところ、必ず論争が生じるに違いない。だから、たとえば20世紀最大の音楽家は「ヴィレッジピープル」〔訳注1〕だと私が思ったとしても、あなたは同意しないかもしれない。このとき私たちの間に論争が生じる。**心理学**についてもこのように考えるなら、すべてが論争の的だということがわかるだろう。なぜなら、証拠としてあげられたあらゆることに、いくらでも解釈の余地があるからだ。心理学は、他の科学もみなそうだが、討論と論争を通して発展する。それは科学の機能の一部なのである。けれども、本書にいう論争ということばには、特別の意味がある。

主張や討論の中には、特別に影響力の大きなものがある。それはおそらく、それがもたらす結果のゆえであり、あるいは人々の信念の核心に挑むためである。心理学においては、日常生活に非常に重大な影響を及ぼす可能性があり、そのため激しい議論の的となってきた問題がいろいろとある。たとえば、**知能**が高いとか低いとかとレッテルを貼られれば、一生影響を受けかねない。また心理学は、なぜ人々がそのように行動するのかを調べ、**人間の本性**が何かについてなにがしの示唆を与えている。それは必然的に、ある人たちの道徳や政治上の信念、宗教上の信仰の正当性に挑戦することになる。この本で見ていくのは、こうした議論である。これらの論争の背後には、人々のコントロールと操作、ある**集団**と他の集団の間にあると受け止められた違い、そして人間の本性についての私たちの信念というテーマがある。

コントロール

誰が誰をコントロールするのだろう？　もしも心理学がその野望を達成し、人々の行動を説明し、それに影響を及ぼすことができたなら、誰が誰をコントロールすることが許されるのだろうか？　たとえば、人々の**態度**と行動を非常に効果的に変える方法が見つかったなら、この方法を若者がタバコを吸うようになるのを止めるために使うべきだろうか？　そうすれば若者の健康状態が改善されるし、また彼らがタバコに費やすお金を減らすから、長い目で見て利益になるだろう。これはまったく良い考えだと思われるが、もし同じ技術を、マイノリティ集団を攻撃させるために使うとしたらどうだろう？

行動主義者のＪ・Ｂ・ワトソンは、心理学の目標は人間をコントロールすることが可能な技術を開発することである、と述べた。たとえば、１９１３年の著作『行動主義の心理学』で、彼はつぎのように書いている。

> 人の行為における行動主義者の関心事は、傍観者の関心事以上のものである。彼は、自然科学者が他の自然現象をコントロールし操作したいと思うのと同じように、人の反応をコントロールしたいと思う。人間の活動の予測とコントロールができるようになることが、行動主義の心理学の務めである。
>
> （Watson, 1913, p.11）

自分自身の行動を予測しコントロールする**能力**は非常に役に立つ。この能力をもてば、身の周りの変化に軽率に反応せずに、どう振る舞うかを選択できるだろう。しかし、他の誰かの行動を予測しコントロールする能力には、**倫理**的かつ道徳的な問題がたくさんある。そこで、心理学の知識がどのように使われ、誰が誰に使うかを知ることが大事なのである。ワトソンは、この知識を誰がもつべきかについてはっきりした意見をもっている。

> もし心理学が私の提案する計画に従うなら、われわれが実験的にデータを得られるやすぐに、教師、医師、法律家、それに事業家はそれを実際的に利用できる。

(Watson, 1913, Shotter, 1975, p.32 から引用)

B・F・スキナーも『自由と尊厳を超えて』(1972) の中でこの考えに賛成している。この本の中で彼は、社会の諸条件を改善するためには行動コントロールの技術を開発する必要があると主張した。たとえば、つぎのように書いている。

> 真の問題は、コントロール技術の有効性である。われわれは、アルコール依存や非行などの問題を、本人の責任感を強めることで解決すべきではない。好ましくない行動に「責任がある」のは環境であり、変えるべきなのは個人の何らかの属性ではなく、環境の方である。
>
> (Skinner, 1972, pp.76-7)

私たちの行動は個人の価値観や信念によって動機づけられているのではなく、環境によって形づくられているとスキナーは考えていた。スキナーによれば、私が良い行動をするか悪い行動をするかは、私が良い人物だとか悪い人物だとかのためではなく、これまでの人生の中で経験してきた**強化**と罰のせいなのである。したがって、私の悪い行動は私の責任ではなく、私は法廷で立ち上がり、「社会が悪いのです、裁判長」と言ってもいいのだ。もしこの主張にとことん従うなら、社会へのコントロールを減らすのではなく、それがもっと必要だというスキナーの提案に同意することになる。良い行動(それがどのようなものであっても)をさせるようにする強化と罰を人々に与えるために、コントロールが使われなければならない。

イギリスの心理学者ハンス・アイゼンクも同様の見解を述べている。彼はつぎのように書いた。

> 論じられるべき問題はこういうことだ。社会的に適した、そして法にかなったやり方、しかも社会の複雑に組み立てられた組織の破壊をもたらさないやり方で、人々に行動させるための社会的同意を、どうしたら設計できるか。
>
> （Heather, 1976, p.46から引用）

アイゼンクは、それがどうであれ、国家の現状を維持する側に心理学は立つべきだと主張している。心理学がこの立場を取るなら、心理学は、異議申し立てや政治活動によって通常もたらされる社会変化を妨げるために使われるだろう。心理学にとっての倫理的な問題は、それが政府によって人々をコントロールし秩序ある社会を作るために使われるべきか、それとも個人の自由を増すために使われるべきかである。この問題にはっきりとした答はないし、それぞれの世代の科学者皆が取り組まなければならない。

◆心理学を人々のものとする

これまで見てきたのとは異なる考え方が、ジョージ・ミラー（1969）のアメリカ心理学会会長講演である。ミラーは、アメリカ心理学会の目的はその憲章に照らして、人類の幸福を促進することであると指摘した。しかし、これは何を意味するのだろうか？　誰の幸福が誰の負担で促進されるのか？　彼はつぎのように語った。

> 私はこう確信している。心理学の本当の衝撃は、それが権力者たちの手に与える技術的な産物を通してではなく、その一般大衆への影響を通して、何が人間に可能で何が人間に望ましいかについての、新しくそして従来とは異なる人々の考えを通して感取されるであろう。
>
> (Miller, 1969, p.1067)

> 理解と予測は心理学にとっても人類の幸福の促進にとってもより良い目標であるが、それは、権力をもつエリートによる強制という見方でなく、問題を診断し、あまねく市民の生活を豊かにする可能性をもつプログラムを開発するという見方で考えるように導くからである。
>
> (Miller, 1969, p.1069)

> われわれの責任は、専門家としての**役割**を引き受けたり、心理学をわれわれ自身で活用しようとすることよりも、心理学を本当に必要としている人たちのものとすることにある。
>
> (Miller, 1969, p.1070)

ミラーは、ワトソンやスキナー、アイゼンクの提案とはずいぶん違う心理学の目標を掲げた。どちらに共感するかは読者の決めることではあるが、私自身はミラーの言わんとするところを支持したいし、一般市民をコントロールし操作するために心理学を使うことには、それが「彼らの利益のため」のように見えるときであっても、大きな懸念を抱いている。

コントロールの問題は、これからも心理学者の注目を集め続けるだろう。本書を読み進めるにつれて、心理学がしばしば天使の側にはいなかったことがわかるだろう。心理学は、たとえば消費者行動を操作するのに使われたり（広告についての第3章参照）、科学的人種差別を言い立てる武器として使われたり（バイアスについては第4章、心理テストについては第5章参照）、戦争に使われたり（軍事については第1章、プロパガンダについては第2章を参照）してきた。

心理学はたくさんの建設的な変化を達成するためにも使われてきた。当然のことだが、そうした変化にはそれほど議論の余地がないから、本書ではあまり触れない。私は読者に、心理学の大半は、道徳観念のない狂った科学者部隊によってなされた搾取の演習だ、という印象をもって欲しくない。けれどもこの本は、心理学の論争を見ていくことが目的であるから、もっぱら心理学研究のなかでも特に憂慮すべき側面について書かれている。

◆人間の間にあると受け止められた違い

この節のタイトルは、「人間の間の違い」ではなく「……受け止められた違い」となっているが、それには理由がある。心理学が論争を呼ぶ部分は、人間同士がいかに違うかということよりもむしろ、どのような違いがあると考えられているかというところにある。概して、人間の集団間の違いについては非常に大ざっぱな一般化ができるだけだし、しばしば集団内の多様性の方が集団間の違いよりもはるかに大きい(バイアスについては第4章参照)。

人間の違いについて何か言いたいなら、心理学的な変数を**信頼性**と**妥当性**をもって測定できなければならない。また、何を測定しているのかが理論的にはっきりとわかっていなければならない(これらの問題は、心理測定についての第5章で論じる)。もし、さらに進んで人間の集団間の違いについて何か言いたいのなら、人間集団を定義できなければならないし、すべての人に適用できる測定法をもたなければならない(これらの問題はバイアスについての第4章で論じる)。たとえば、文化による違いの問題を取り上げる場合、全員を、実際には大部分の人を、きちんと定義された文化集団に割り振ることは不可能である。ためしにあなた自身がどの文化集団、下位文化(サブカルチャー)集団に属しているか、考えてみよう。

人間の集団間の違いを探すことのもっとも憂慮すべき側面は、そうした研究がもたらす政治的な結果である。それは、違いを**遺伝**的に説明することから生じる。もし、ある個人やある集団が他の人々よりも劣っているとされ、劣っているのは遺伝的な性質によると示唆されたなら、反応のひとつは、そうした人々が子どもをもたないようにしようとすることだろう。

◆──人間の本性

人間の本性とは何だろうか？　これは、遺伝プログラムに由来する人間の行動の特徴と、どの特徴が社会環境に由来するかをめぐる問題である。ほとんど遺伝子の支配下にある行動を教育のような社会的介入によって調整することはできないと言えるが、主として社会的にコントロールされている行動はずっと調整可能である。こうした事情は、問題がずっと複雑であることを見えなくするし、したがってもっと複雑な議論を覆い隠してしまう。呼吸すること、食べることが私たちの本性の一部であることは明らかだ。この2つの行動をしなければ、私たちはすぐ死んでしまうだろう。しかし、食べるという行為は生存のために生物として必要なものではあるが、大いに社会的にコントロールされてもいる。食べ方、食べ物の選択、食べる場所、それに誰と食べるか、こうした食事の側面はすべて人によって異なり、また文化によって異なる。食べることは私たちの本性だが、食べ方は社会の影響力によって変わる。そういうわけだから、人間の本性の問題はもうすでに、多少とも議論を呼ぶものになっている。

哲学者たちは、思索のためにはじめて岩の上に座ったときから、人間の本性についてさまざまな理論を提唱してきた。17世紀の哲学者トーマス・ホッブズはつぎのように書いている。

bellum omnium contra omnes

このラテン語をおおまかに翻訳するなら、「万人の万人に対する闘争」、という意味である。ホッブズは、争うこと、他者を恐れること、栄光を得たいと望むことが人間の本性であり、また**戦争**は生物学的に避けられないと考えた。

19世紀ヴィクトリア朝時代の科学者たちは、社会階層の生物学を発展させた。人々が成し遂げることの違いはほとんど生まれによるのであり、貧者と無学者は生物学的に劣っている、と科学者たちは考えた。こうした見方の帰結のいくつかについては本書の他の部分で論じる（バイアスについては第4章、心理測定については第5章）。自然選択の法則にちょっと寄り道して、科学者たちが生まれによる説明をどのように考えたかを見ることは意味があるだろう。ダーウィンの進化論の説明によると、自然選択とは、種が長い歳月をかけて変化し、その環境により適応的になる方法である。この主張の重要な特徴は以下の通りである。

・どの世代も多すぎる個体をもつ
・あるものは生き残り、あるものは死ぬ
・生き残ったものの遺伝的特徴は保たれる

・死んだものの遺伝的特徴は失われる

これが意味するのは、個体を生き残らせる特徴は次世代に渡りやすいということである。このとき種は、選択的繁殖の過程を通して、つまり環境によって選択されて、**進化**する。これは肉体的な特徴にも、行動的な特徴にも働く。

◆── 社会ダーウィニズム

多くの科学者（後に本書に登場する）は、人間の行動のうちのかなりは遺伝子によって支配されており、また自然選択の作用によって進化してきたと考えた。そうした科学者たちは、良好な医療と社会状態によって多くの者が幼少時に死ななくなったことに注目して、自然選択の力が弱くなりつつあることを危惧した。言い換えるなら、弱者が生き残るなら、その弱い遺伝子が次世代に伝えられるだろうということだ。種内のより良いメンバーの選択的繁殖を環境に任せるのではなく、選択が人の手でなされるべきだと科学者たちは提案した。この、優れた階級の人々を選択的に繁殖させるという考え（**優生学**）はさらに、社会を進歩させ、たとえば練り歯みがきのチューブを使った後キャップを戻せないような人たちを排除するのにも使えることになる。私はこの考え方は浅薄だと思うが、今日の私たちが身の毛もよだつ考えを発展させた強力な支持者がいた。たとえば、フランシス・ゴールトンはこう書いている。

劣等な人種を徐々に絶滅させることに反対する、ほとんどまったくわけのわからない意見が存在している。
（Galton, 1883; Rose et al., 1984, p.30 から引用）

今でこそ、このような原理を使って人間の行動の進化を完全に説明することは不可能なことが明らかだが、こうした意見は**社会生物学**という現代的理論の中に新しい棲家を見つけた。この理論（たとえば、Wilson, 1975; Dawkins, 1976）は、遺伝の法則を使って私たちの行動を説明しようとし、楽しい、まことしやかな、しかし欠陥だらけの説明を作り出す（社会生物学についての概説は Hayes, 1995 参照）。本書で社会生物学の批判を展開するのは適切でないが、社会生物学の支持者（私ではない）と反対者の間に激しい議論があると指摘しておくことは意味がある。

◆――真の論点

人間の本性について考えるとき、いつでもそこには、（a）遺伝子に大きく影響されるのはどのような特徴か、（b）それらは遺伝子によってどれだけ影響されるのか、（c）私たちは個人や社会の要求に合うように自分の行動をどれだけ変えられるのか、といった事柄についての、学問的な論争がある。この種の議論が激しいものになるのは、私たちが人間の本性についてどの考え方を選ぶかによって、社会にあると考えられている問題への解決策が変わってくるからである。たとえば、暴力と犯罪はその人の遺伝学的特徴のため起こると考えるなら、暴力的な犯罪者の脳を手術したり、犯罪者に断種や避妊手術をしたりして対処しようとするだろう。この解決方法に伴う実践的、倫理的問題が意味しているのは、それが現代の議論の最前線にあるのではなく、社会ダーウィニズムと社会生物学の主張の論理的帰結であるということだ。

さて、人間の本性についての議論をどこから始めたらいいだろうか？　私の提案は（これが私独自の見解だと言うつもりはないことを急いで付け加えたいが）、人間の行動を検討するのに言語が良いモデルになるだろうということである。人間の言語を作り出す生物学的な特徴が数多くあるように思われる。たとえば、脳には言語理解と言語産出という重要機能のための特定の部位がある。また、すべての言語に普遍的な数多くの特徴があると思われ、このことは、私たちが言語技術を発達させる仕方に何らかの遺伝的な構造が存在することを示唆している。しかし、世界には何百もの言語があるし、私たちは言語を限りなくさまざまに、また広範な目的で使うことができる。生物としての私たちは一定の範囲の能力と機会が与えられているが、それらをどう発達させ、どのような使い方を選ぶのかは、どのように社会化されてきたかと、世界についての個人的な解釈に影響されるのである。

◆おわりに一言

心理学は人間の行動と経験を解釈し、説明しようとするので、論争が避けがたい。私たちは自分自身についてわかったことのすべてを好ましいと思うわけではないし、証拠で固められた解釈のすべてに同意するわけでもない。この本で、私は異論のある多くの問題を、読者が自分で考えることができるよう示すことに努めた。しかし私は、バイアスをもたない中立のふりはしない。以下の５つの章で扱うほとんどの問題について、私は強い個人的な意見をもっている。私のバイアスを見抜くのにロケット科学者である必要はないが、他の心理学者もバイアスをもっていないか、そして彼らが書いたものの中にバイアスがないか見抜くことに関心を払っていただきたいのだ。

訳注1　Village People：１９７０年代後半に活躍したアメリカのディスコミュージック・グループ。カウボーイ、インディアン、警官といったコスチュームと、マッチョな体格が印象的だった。ここではモーツアルトのような高級な文化ではなく、大衆的で元気の出るエンターテイメントの例として使われている。わが国では彼らの「ＹＭＣＡ」が、西城秀樹のカバー（「ヤングマン」）でヒットした。

第1章　心理学と戦争

◆はじめに

戦争！　いったい何の役に立つのだろう？　思うに、人間社会が地上に現われて以来、ずっとその一部だったのだから、何かの役に立っているに違いない。歴史のどの時代を取り出して調べてみても、世界のどこかで、他の集団や他の領土を支配しようと軍隊が進軍しているのだから、戦争とは人間行動の不可避な部分のように見える。けれども、平和に暮らすことが人間行動の今ひとつの不可避な部分であり、人間社会は戦争をしているよりも長い間平和に過ごしてきたとも指摘するのが公平というものだろう。西欧社会に住む多くの人々はここ50年以上も、比較的平和な生活を享受してきた。大量の兵力を動員することなく、また自国が侵略されたり攻撃されたりすることのないようなやり方で、難しい政治的困難をうまく乗り切ってこれた。これは自分たちの紛争を世界の他の地域に輸出して、そこで争わせることによって達成されたにすぎない、と論じることもできるが、その議論は本書の主題ではない。

戦争についての過去50年以上にわたる経験から、西欧の人々は戦争を、ハイテク武器で武装した熟練の兵士が自国から遠く離れたところで行う専門的な活動、と見なすようになっている。だから私たちは戦争を、自分自身や家族、財産に現実的な危険が及ぶ個人的な出来事というよりも、まるで映画のようなドラマチックな出来事と考えがちだ。これは過去の戦争の仕方とは違うし、今日世界の多くの地域で起きている戦争とも違う。多くの人々にとって、戦争とは個人の安全が脅かされる脅威なのである。

ここ50年以上にわたって西欧のテレビ視聴者は戦争を、面白おかしいもの（『ダッズ・アーミィ』『イト・エイント・ハーフ・ホット・マム』「訳注1」）、あるいは勇ましいもの（『遠すぎた橋』『大脱走』『ナバロンの要塞』）のイメージで見せられてきた。しかし、戦争を経験した多くの人たちにとって、戦争とはおかしくもないし勇ましいものでもない。ぞっとするような出来事、大量の死者、大量の負傷者、愛する人との死別、財産と家屋の喪失なのである。１９１６年7月1日、第一次世界大戦（１９１４‐１８）でのソンムの会戦で、２万人を超えるイギリス兵が司令官の戦術のゆえに殺された（Taylor, 1963）。兵士たちは重装備で塹壕から出、敵の塹壕に突撃するよう命じられ、そこで機関銃射撃の的となって倒された。司令官はこれに満足せず、同じ戦術が翌日も、そして明白な戦略的利点もなしに、42万人のイギリス人死傷者を出してついに戦闘が終結を迎えるまでの4ヵ月も、くり返された。この戦争が終わったとき、徴兵適齢の全イギリス男性のおよそ4分の1が死傷していた。本書で戦争の恐怖とその帰結について伝えることはできない。けれども、戦争の理解と戦争の遂行に心理学が果たしたいくつかの貢献（良いものと悪いもの）について見てゆくことにしよう。

この章では3つの問題を取り上げる。

- 戦争について心理学は何を教えることができるか？
- 戦争で心理学はどのように使われたか？
- 戦争の影響について心理学は何を教えることができるか？

◆戦争について心理学は何を教えることができるか？

私たちは戦争を始めるように生まれついているのだろうか、それとも戦争をすることを学ぶのだろうか？　大量破壊と大量死で解決される争いに私たちを導くものは何なのだろうか？　これらの問いに答えるにはまず、**攻撃性**が私たちの行動の重要な一部であり、そしてこの属性にはかなり生存上の価値があることを見てゆくところから始めることもできるだろう。しかし、攻撃性そのものは戦争ではない。動物は互いに攻撃的になりうるが、ほとんどは集団を組織して同種の他の集団に攻撃的な活動を行うようなことはしない。多くの心理学者が戦争の問題に注目し、それについての理論を述べている。この節では、ウイリアム・ジェームズ、ウイリアム・マクドゥーガル、ジークムント・フロイト、ジョン・ボウルビイ、それにマーガレット・ミードが述べているところを手短かに見てゆく。このリストはあたかも心理学史のフーズ・フーで、彼／彼女らの研究には、この実に人間的な活動を説明するために提案された数々の考えの一覧という趣きがある。

二人のウイリアム（ジェームズとマクドゥーガル）

ウイリアム・ジェームズとウイリアム・マクドゥーガルは二人とも、20世紀の初頭に活躍した大きな影響力のあった心理学者である。彼らは非常に異なった政治的信念をもち、それは戦争についての彼らの研究にも反映されている。ジェームズは平和主義者で、それゆえどのような戦争にも反対した。それに対してマクドゥーガルは優生学を信奉していて、選択的繁殖を通して遺伝的に優れた人間を開発することを支持していた。

ジェームズはエッセイ「戦争の道徳的等価物」の中で、戦争についての彼の分析と、どのようにすればそれを避けられるかを示した。このエッセイは、第一次世界大戦の前、衝突が避けられなくなりつつあり、政治家が「すべての戦争をなくす戦争」をすることについて語っていたときに書かれた。ジェームズは、戦争がどのように歴史を作るか、そしてしばしば非合理的で気高さからはほど遠いにもかかわらず、戦争が概して英雄的な出来事として叙述されることを指摘している。戦争についての初期の記述、たとえば古代ギリシアのそれは、信じ難いほど残忍な海賊の戦いについて述べている。男たちの集団が戦利品目当てに他の都市や島を襲い、勝てば略奪し、住民を殺したり奴隷にしたりした。20世紀への変わり目頃には、物や人を奪うための戦いは戦争の適切な正当化とはみなされなくなり、違う理屈がもち出された。今日も使われている主張のひとつは、平和をもたらすために戦争をしなければならない、というものである。

戦争が何らかの利益をもたらすことをジェームズは指摘し、そして戦争に代わって同様の利益をもたらすものを見つけなければならない、と主張した。強さ、勇敢さ、規律、それに集団活動といった軍隊的な価値観は、どんな社会にとっても社会がうまく長続きするための基盤である、と彼は論じた。戦争の代わりになるものとして彼が提案するのは、若者を大量動員して一定の年月、肉体労働と公共事業に従事させることである。これによって兵役に認められている美徳を、戦争に行くことなしに伸ばすことになるだろう。この見方が意味するのは、身体的活動と努力を通して取り組まれるべき何らかの資質を人は有していて、この努力なしには私たちの社会は内外からの攻撃に脆弱となるだろう、ということである。

ウィリアム・マクドゥーガルの見方も、いくつかの点ではそれほど違いはない。彼も「闘争本能」を説明して、人には闘争する傾向があると論じた。それは人間の進歩における重要な特徴であると彼は論じ、そして適者が生存し弱者は排除されるという進化論の主張を持ち出した。これこそが私たちが闘争する主な理由なのであり、領土や理想のためなのではないと彼は指摘した。彼はこの主張を、戦いに赴いても戦利品を求めなかった人たちがいるという人類学的な証拠で例証した。

マクドゥーガルが提案した戦争の解決策は、ジェームズのそれとは非常に異なる。彼は戦争を、社会の健全な発展を援助する重要なものだと考えた。進歩した社会は争いを解決するのに戦争ではない、別の方法を見つけるだろうというリベラルな考えに、彼は反対した。またも人類学的な証拠を持ち出して、ボルネオ島の住民の中で優れた社会をもっているのはもっとも好戦的な集団である、と指摘した。彼はその証拠を、大きくて清潔な家屋、強くて勇敢な行動に見た。したがって、戦争をなくすことは、社会を退化させることにつながる危険な発展である、と彼は考えた。ゆえに彼は、自然選択を別の方法で、つまりもっとも適している者（たぶんマクドゥーガルも含まれる）がより多く子孫をもち、もっとも弱く劣った者（ここにあなた好みのリストを入れる）が子孫を残さないようにするか、あるいは殺すという選択的繁殖によって再導入することを主張したのだった。

優生学的な解決策の主張は１９２０年代と30年代に欧米で多くの支持者を得た。その論理的な恐ろしい帰結がドイツのナチスによって１９３０年代に実行され、１９４５年の敗戦まで続いた。ナチスは、ユダヤ人、スラブ人、ジプシー、ホモセクシャルそれに精神病者を含む、劣等もしくは弱者と見なした人々を殺すことによって、優生学の問題に対処したのだった。

精神分析家

戦争についてのフロイトの考えは、このテーマについての学術的な交換書簡の一部としてアルバート・

アインシュタインに宛てて書かれた手紙に要約されている。それが書かれたのは１９３２年で、第一次世界大戦の殺戮の戦場の恐怖がいまだ人々の思考や行動に影響を与えていた頃である。その手紙の中でフロイトは、ひとりの強者による攻撃行動は、集団行為によってのみ対抗できることを指摘した。コミュニティは団結して暴君を倒すことができるが、コミュニティが団結し続け、よく組織されていなければ、新しい暴君の登場を避けられないだろう。そのようなコミュニティはお互いに攻撃的になるかもしれず、そしてこのことが戦争をもたらす基なのである。

　戦争は大帝国を樹立させるので肯定的な効果もある、とフロイトは論じた。有史以来、そうした帝国はしばしば国境内の地域を秩序あるものにし、市民に平和な生活をもたらした。しかし、大帝国にはマイノリティの迫害や市民の自由の**抑圧**といった不幸な否定的側面もときどきある。国際組織の発展が諸国に戦争の根拠を取り除く世界秩序を促進させるかどうか、フロイトは怪しんでいた。彼が手紙を書いていた頃、国際連盟（国際連合の前身）がまさにそうしようと試みていたが、結局うまくいかなかった。フロイトは、そのような組織は最高裁判所をもち、そしてその判決を守らせる十分な力ももつ必要がある、と考えた。国際連盟が失敗したのは、第二の点においてだった。

　人間には2つの基本的な本能がある、とフロイトは考えていた。維持と統合の本能と、破壊と死の本能である。これらを愛と憎しみという正反対の力と考えてもよい、とフロイトは述べた。私たちは自分の攻撃的な傾向を抑圧することができないので、持続的な葛藤を避けたいならそれを何かに変えなければならない、と彼は考えた。また、指導する者と指導される者とに人間を分けることができる、とも考えていた。

指導される者は、「大多数の者である。彼らには何かを決めるための指揮官が必要である。彼らはたいてい、指揮官に絶対的な**服従**を申し出る」（[1933] 1985, p.359）。したがって私たちは、大衆を導くために、「独立心をもつ上層の人間」（[1933] 1985, p.359）を教育するよう試みなければならない、と彼は主張した。これらの独立した思索者たちは、たとえ情緒的な愛着を失うことになろうとも、全エネルギーを理性的思考に向けなければならない。フロイトは、情緒的な部分によって影響されなくなり、もっと理性的な思考によって導かれるようになることで私たちは人間として発達する、と主張しているようである。彼は、私たちが戦争の恐怖をはっきりと知るなら、理性的な思考によって誰もが平和主義者になると信じていた。

ジョン・ボウルビイは１９３８年にＥ・Ｆ・Ｍ・ダービンと共同で書いた論文で、別の精神分析的な説明を提唱した。ボウルビイとダービンは、歴史上のほとんどの文化、ほとんどの時代に攻撃と戦争が見られる、と述べた。彼らはまた、攻撃や戦争をしている年月の割合は、協力しているときの割合よりもきわめて少ない、とも述べた。戦争とはまさに、個人に見られる攻撃性の延長である、と彼らは主張する。大人のそうした行動の主要な原因は、子どものそれとも、そして動物のそれとも同じで、その主要な原因には以下が関係している。

（a）所有　　財産と土地をもつこと、財産と土地を奪うこと、またそれらを守ること

（b）欲求不満　　望みや願いが妨げられたときに感じる否定的な感情

（c）見知らぬ人の来訪　　これにはしばしば恐怖が伴う

（d）身代わりの攻撃　弱いものいじめや部外者いじめ

これら4つは、個人間であろうと集団間であろうと国家間であろうと、すべての攻撃性を生む原因であると理解される。

ダービンとボウルビイはさらに続けて、精神分析理論で言う防衛機制が、現代的な人間社会の闘争の特徴を説明するのに使えると指摘する。たとえば、ある集団内に存在する恐怖や憎悪が嫌われている集団に投影されることがある。同じように、国民国家は個人の攻撃行動のすべてを示しうるのである。

ダービンとボウルビイは、戦争とは社会の慢性的な病であると考えたが、この病気が治療不能だとは考えなかった。たいていの国は戦争をするよりはずっと長い間を平和で協力的な活動に費やしていると、彼らは指摘する。もしそうなら問題は、そうした平和的な衝動と行動を強め、発達させることである。人々が攻撃性をそれほど高めないように、社会を調整することも可能であると思われる。

人類学者

マーガレット・ミードは世界中のさまざまな民族の習慣と行動について精力的に著述した。戦争は必然的なものでも私たちの本性の一部でもなく、むしろ人間の発明品なのだ、と彼女は主張した（Mead, 1940）。結婚のような多くの制度が諸民族にほとんど普遍的に見られるが、私たちはもともと結婚制度なしに生きていたはずであり、ある時点で発明したのである。同じことが戦争にも言えると彼女は主張し、その証拠としてエスキモーをあげた。

エスキモーは遊牧民族で、戦争の概念をもっていないが、決して平和主義的であるとは言えない。けんか、他人の妻の強奪(!)、殺人、人肉食はエスキモーの生活の一部だったとミードは述べる。エスキモーの生活にないのは、他の集団の人たちに重傷を負わせたり殺したりするために集団を組織することだった。エスキモーは遊牧民で、所有物が少ないから戦争をしないのだ、と言うこともできるかもしれない(また、死ぬほど寒いからということもあるかもしれない)。しかし、これに対してミードは、所有物をほとんどもたないが戦争に関するあらゆる儀式を発展させた、他の遊牧民族の例を示した。

ミードの説明は、私たちが自身の本性の犠牲者ではないと指摘しているので、ここで紹介してきた他の説明より多少は楽観的である。しかし、人間がいったん何かを発明したなら、引き返すこともできないし、その使用を止めることもまれであると彼女は指摘する。進むべき道は、対立を扱うのに戦争よりもましな方法を発明することだとミードは言う。西洋社会における裁判はここ数百年の間に神判から陪審裁判へと発展した、と彼女は述べる。裁判を扱うのに古いやり方がうまくいかなくなり新しいやり方が可能となったときに、人々は新しいやり方を発明したのだ。同じことが戦争をなくすことにも可能かもしれない、と彼女は指摘した。

まとめ

上述した人類の戦争の本質についての歴史的な考察は、未来についてかなり悲観的な見方を示している。私たちは攻撃的になる生来的な傾向をもっている、あるいは少なくとも戦争がどれほど有効なものでありうるかを知ってしまったので戦争はこれからも続きそうだ、というのが共通する見方のようである。これらの理論は、ほとんど検証可能な仮説を生み出さないし、私たちが生物学の犠牲者なのか、それともより良い生き方を発展させることによって運命を作り上げることができるのかにかかっている。私は2番目の見解を信じているし、もし私に反対する者がいたら戦う覚悟ができている（ちょっと皮肉をこめたユーモアですよ）。

◆戦争で心理学はどのように使われたか？

20世紀を通して、心理学は戦争のさまざまな面に関わってきた。この節では、その関わりがどんなものだったかを簡単に述べ、また、可能な限り、その関わりと心理学の主流の概念や研究とを関係づけてみたい。

初期の軍事心理学研究

１９６０年代までの軍事心理学の関心は、主に、大規模に人々を雇う企業と同じ問題であった。すなわ

ち、

・適切なスタッフの選別
・機械への人（兵士）の適合
・（軍事）専門家の訓練
・スタッフの福利厚生

適切な人物が適切な業務に就くよう選別することはいかなる雇用主にとっても重要な関心事だが、軍隊も同じである。事実、はじめて大集団での知能テストが行われたのは、第一次世界大戦中のアメリカ陸軍の兵士に対してであった。グールド（Gould, 1981）はこの集団テストについて述べているが、この大集団テストのデータがどのようにして、**人種差別**的な移民法を含むアメリカにおける一連の不愉快な政治的アイディアを促進する材料として使われたかに注目している。このテストはまた、スタッフ選抜のための心理テストの軍事利用の始まりともなった（この研究の詳細については、第5章を参照）。

兵士を機械に適合させるという問題では、どんな機械もできるだけ使いやすく、できるだけ間違いを起こさないようにすることが大変重要である。2台以上の自動車を運転する人なら、普段使っている自動車と反対側に方向指示器がある車に乗ったことがあるだろう。右に曲がろうとするたびにワイパーを動かしてしまう。これはさほど大きな問題ではないが、レバーを間違えるとワイパーが動くのでなく水爆が発射されることになったら、話は別である。

この種の問題が実際に第二次世界大戦（１９３９‐４５）中に起きたが、それは軍が、パイロットが操縦しやすい飛行機を設計するよりも、飛行機を操縦するパイロットを訓練することに血道を上げたためだった。経験豊富なパイロットでさえ、コントロール・システムの設計が悪ければ誤りを犯しがちであることがわかった。たとえば、B‐25爆撃機のなかには、外観がそっくりの着陸装置とフラップ制御装置が隣りあって配置されているものがあった。そのため不幸なことに、着陸装置が出ないまま着陸しようとして、胴体着陸するものが出てきた。パイロットは着陸装置を出したと思い込んでいたが、実際は飛行機を下降させただけだった（Mark et al., 1987）。このようなことがあって、よりパイロットの能力に適合した航空制御装置の開発につながった。

スタッフの福利厚生の問題も、たんに病気でスタッフを休ませたくないという理由だとしても、大企業の雇用主にとっての関心事である。職場で健康教育をする初期の試みのひとつは、第一次世界大戦中、アメリカ軍の性病感染を低減しようとしたラシュレイとワトソン（Lashley and Watson, 1921）の研究にさかのぼることができる。彼らは性病をテーマにした2本の映画の効果を調べるため、映画を観た千名以上を調査し、また面接もした。70パーセントが映画の要点を正しく理解していたが、残念なことに、売春婦とセックスするのを避けるのにも、健康のため避妊具を使うのにも、何らかの効果があったという証拠は得られなかった。

ラシュレイとワトソンが行ったたくさんの観察結果が今日でも妥当であり、驚くべきことに、その後80

年にわたって注意を払われることがなかったようだということは指摘するに値する。バガレイ（Baggaley, 1991）は**ＨＩＶ**と**エイズ**のメディア・キャンペーンを検討し、メディアはラシュレイとワトソンが最初に行った調査の教訓を踏まえていない、と結論した。バガレイは、マスメディアのキャンペーンはさまざまではあっても、多くは以下の特徴をもつとした。（a）ストーリー仕立て、（b）大きな恐怖感をかきたてようとする、（c）メッセージを伝えようと面白おかしい表現やドラマチックな表現を使う。ＨＩＶとエイズのキャンペーンに共通するこれらの特徴は、ラシュレイとワトソンが否定的な効果しかないとした第一次世界大戦中の健康教育キャンペーンと変わるところがなかった。

戦時における動物

軍事的な活動に心理学が貢献できたもうひとつの分野は、動物を訓練して戦闘に加わらせることだった。そうした試みの中でももっとも有名なのが第二次世界大戦中のスキナー（Skinner, 1960）の研究で、彼は鳩を訓練して敵に向けてミサイルを誘導させようとした。ずいぶん奇抜なこの計画は、感嘆すべき率直さで「ハト・プロジェクト」と呼ばれた。けれども戦争に動物が利用されたのは、これが最初でも最後でもなかった。第一次世界大戦でイギリス海軍は潜水艦を探知するのにカモメを使ったとスキナーは報告している。海軍がイギリス海峡に潜水艦を送り、エサを撒いてカモメの群れを引きつけた。カモメは水面下に船が見えることとエサが現われることとを結びつけて**学習**し、その後カモメの群れは、イギリス軍のものであれドイツ軍のものであれ、潜水艦の後を飛ぶようになる。したがってイギリス海峡のカモメの群れは、ドイツ軍の潜水艦が近づいていることを示すサインになる。他の動物としては犬とイルカが軍事目的のために使われた。そうした動物たちが結果としてもらえたのは、しばしばおいしい肉ではなく、体に取りつけられた爆発物による早死にだった。

長いが興味深い話をはしょると、スキナーは、鳩が船を見つけ出してミサイルを正確に誘導することができ、そして船形を見分けることができ、連合国の船は飛び越えて敵船に突っ込むことができることを示した。軍は、鳩と追跡装置を収容するようミサイルを一部分改造するところまではいったが、鳩が実際に軍務に就くことはなかった。一番の理由はたぶん、重武装の鳩が頭上を飛んでいくという考えを軍当局が不安に思ったからだろう。トラファルガー広場〔訳注2〕に立ったことがあるなら、すぐにこの問題がわかるだろう。

１９６０年代以降の軍事心理学

『アメリカン・サイコロジスト』誌に掲載されたウィンドルとヴァランス（Windle and Vallance, 1964）の論文は、１９６０年代に始まる軍事心理学の変化を考察している。この論文が言うには、心理学はその関心を準軍事的《パラミリタリー》な問題、たとえばゲリラ兵の政治的動機づけや地下組織の人的要因などを調べる研究へと方向転換しつつあった。この新しいタイプの心理学が調べていた問題としては、その他につぎのようなものがあった。

・捕虜体験の影響
・尋問のテクニック
・洗脳

意外なことではないが、軍事心理学は一部しか公けにされていないので、そこで起こっていることを十分に述べることができない。ワトソン（Watson, 1980）はこの種の研究を徹底的にレビューしているので、さらに知りたい方は彼の本を読むようお勧めする。その研究で彼は、実にさまざまな組織から後援を受けた世界中の7、500の研究を発掘したが、多くの研究が軍事機密とされたり報告内容に制限が課せられたりしているため白日の下にさらされてはいないと指摘してもいる。以下に、ワトソンや他の研究者によって提起された研究テーマのいくつかを見てみよう。

捕虜体験の影響

ワトソン（1980）は第二次世界大戦中の日本軍の捕虜収容所生存者の研究について述べている。それによれば、日本人は大量の捕虜に対処する用意ができておらず、捕虜の扱い方を看守の裁量に任せることになった。収容所は混み合い、不潔で、食料が不足していた。殴打する、気をつけの姿勢で何時間も日向に立たせる、髪を引き抜いたり爪をはがす、捕虜のまぶたを楊枝で開け何時間も太陽を見つめさせる、といった数多くの拷問がなされた。

捕虜たちは、故郷のことを話したり考えたりするとやりきれなくなるので、そうすることを避けた。その代わり彼らは、課された作業やこれから出てきそうな食べ物について話をした。内的な規律がしだいに崩れ、食べ物がしばしば盗まれた。抑うつと不安が共通する最初の反応だったが、しばしば情緒反応の欠如がそれに取って代わり、捕虜たちは笑ったり泣いたりすることができないほどになった。他に拘禁と飢えによる影響でよく見られたのは、集中困難と記憶喪失といったさまざまな**認知**的障害だった。戦争が終わるまで何年も収容所で生き延びた兵士も多くいたが、その体験を生き延びられなかった者も多かった。

この研究や他の多くの研究から一般的に結論づけられることは、捕虜体験による反応は2つの主要な要因に影響されるということである。ひとつは監禁による身体的な苦難、もうひとつは看守の予測のつかない残酷な行動である。

これは、ジンバルドーが行った、社会心理学の有名な捕虜体験についての研究（Haney et al., 1973 参照）を思い起こさせる。この研究では多くの若い健康な男性が、スタンフォード大学心理学科の地下室に作られた模擬監獄に入れられた。この収監体験はあまりにドラマチックな結果を生んだので、参加者にそれ以上精神的損傷を与えないため、わずか6日後には中止しなければならないほどだった。この研究はしばしば通常の刑務所という文脈で説明されるが、まったく異なる角度から見ることができる。この研究はアメリカ海軍の資金提供を受けたもので、この**実験**の特徴は法律違反で刑務所に入れられる人たちの体験とは一致しない。

通常の刑務所体験との違いは、つぎのような点である。

・被験者の不意の逮捕と即時の投獄。これは犯罪者よりも人質や捕虜の体験に似ている。
・着衣や外見を変えることによる捕虜の非人格化。西欧の刑務所では、囚人にこのような非人格化をしない。
・看守が好き勝手に独自のやり方をあみだし、思うままに自分のルールを適用すること。これもまた、犯罪者よりも人質や捕虜の体験に似ている。
・捕虜たちは数字だけで呼ばれたが、西欧の刑務所では数字で呼ばれることもあるが名前でも呼ばれる。これに対して戦争捕虜は、しばしば数字だけで呼ばれる。

アメリカ海軍が通常の刑務所運営に関心をもっていたとは思えない。しかし、捕虜になり、その体験に不可避なストレスに対処するよう兵士に準備させておくことには関心があった。おそらくこの関心が、ジンバルドーの研究の背景にあった。

尋問のテクニック

捕虜が価値ある情報をもっていると捕えた側が信じている限り、捕虜は尋問されるのが普通である。捕虜は何ももらさないよう命令されているだろうから、捕まえた者は情報を得ようとさまざまなテクニックを活用するだろう。敵に協力することは多くの軍隊で軍事上の罪になり、進んで話した兵士は帰国したときに告発される。尋問のテクニックの多くは苦痛を伴うが、それらには限られた効果しかない。心理学的技術を使って人に積極的に話させる方法に、多くの関心が集まった。

こうしたテクニックの中でももっとも有名なもののひとつが、**感覚遮断**である。これは**知覚**刺激の量を最小限にまで減らすことを意味する。たとえば薄明かりや暗闇の中で、完全に無音かそれに近い暖かい部屋に、ひとりで閉じ込める。人によってはこれは非常にストレスフルで、多くの人に何らかの感覚のゆがみが生じる。ワトソン（1980）はアメリカ軍とカナダ軍のために行われたこの分野の大規模な研究について述べている。感覚遮断状態では、しばしば幻覚を経験したり、睡眠と覚醒の区別がつかなくなったり、時間感覚がゆがんだりすることを彼は報告している。さらに、感覚遮断から解放されると、しばしば日常生活の色彩と雑音に圧倒されて、頭がふらふらし、概しておしゃべりになる（この点が重要）。感覚遮断の研究には、この経験が集団圧力への**同調**に及ぼす効果（これは知能に依存し、低いＩＱ得点の者はより同調的になり、高いＩＱ得点の者はあまり同調的にならなかった）、**プロパガンダ**への反応（はっきりとした効果はなかった）についての調査も含まれていた。

アイルランド紛争の初期に、北アイルランド駐留イギリス陸軍によってさまざまな感覚遮断の技術が使われた。シャリス（Shallice, 1973）は、恐ろしい尋問テクニックを受けた12人の被拘留者について報告している。直接尋問の合間に、彼らは黒い布でできた袋を頭からかぶせられ、大音量のホワイトノイズにさらされ、両手を頭上に上げたまま壁を向いて立たされた。彼らは16時間もそのまま立っているよう命じられ、動くと殴られた。被拘留者たちはダブダブのオーバーオールを着るよう命じられ、睡眠を奪われ、食事が制限された。このような扱いは彼らに壊滅的な影響を与え、深刻な身体的、認知的、情緒的反応を引き起こした。

この話題は読者を不快にさせたかもしれないが、率直に言って、それは筆者自身の反応でもある。けれども、心理学における論争についての本が多少とも不愉快なことに触れていないとしたら、その方が驚きである。心理学のすべてが、ボディランゲージやデートのような楽しい話題を扱っているわけではないこと、また異議を唱えたくなるような応用分野がありうることを知っておくことも、大切なのである。

要するに、これまで行われたさまざまな研究から、捕虜の見当識を失わせることが話をしようという意欲を高めるのに有効である、ということが言えそうだ。見当識を失わせるには、予測できない拷問、睡眠の剥奪、薬物、飢え、それに感覚遮断その他が有効である。

洗脳

人の人格と行動を、まったく異なる態度と考えをもつ別人のように見えるところまで変えることは可能だろうか？　この問題の結論はまだ出ていないが、１９５０年代の朝鮮戦争の頃から、洗脳あるいは政治的再教育の技術への懸念が指摘されている。この戦争中に朝鮮半島でおよそ7、０００人のアメリカ人が捕まり、捕虜の約3分の1が情報提供したりあるいは北朝鮮の主張を宣伝したりして、北朝鮮に協力した。

北朝鮮での捕虜生活は大変厳しく、捕虜たちの時間の大部分が思想教化に費やされた。彼らは残忍な扱いを受け、外部との接触がほとんど許されなかった。多くのアメリカ人が捕虜生活中に亡くなったが、トルコ人の捕虜たちは同じ条件下で全員生き延びたことは興味深い。何があったのかを調べ、この種の扱いに抵抗する方法を開発するために、生存者たちが詳しく研究された。

ヴァンサン医師

中国の政治的再教育の、痛ましいが、直接的に得ることのできた報告は、中国で20年間仕事をしていたフランス人医師のものである（Lifton, 1961）。彼は開業医として繁盛し、患者の中には中国共産党当局者も数名含まれていた。そんなわけで5人の男が拳銃を突きつけて彼を逮捕し「再教育センター」に運行して行った日、彼にはまったく心の準備ができていなかった。そのセンターで、彼はその後の3年半を過ごした。

もっとも強烈な再教育の経験は監禁生活の始めの3ヵ月間に生じた、とリフトンは報告している。ヴァンサン医師は小さな独房に8人の中国人といっしょに入れられた。8人はすべて人格改造が非常に進んでいた者たちで、そこから解放されるために他人の改造に熱心だった。彼は独房の真中に座らなければならず、囚人番号だけで呼ばれた。他の囚人たちが彼の周りに集まり、彼を「スパイ」「帝国主義者」と非難した。罪を認め、そして供述するよう彼は言われた。無実の主張には必ず、政府は証拠を握っている、理由なしには逮捕しない、との反応が返ってきた。これは闘争と呼ばれたが、一度に数時間続き、最初の頃、監禁の間しばしば繰り返された。

ヴァンサン医師はときどき連れ出されて3人から尋問を受け、自白を求められた。これを断ると独房に連れ戻され、同部屋の囚人たちとさらなる闘争が始まるのだった。ついに繰り返される闘争と睡眠剥奪が効果を現し、彼はスパイ活動に関わっていたという途方もない自白をした。この主張は事実ではないから、詳しく尋問されると彼は立証することができなかった。尋問は睡眠時間なしに続けられ、つねに鎖に繋がれたままだった。疲労困憊の極みで、ついに彼は捕まえた者たちが望んでいた事柄を認め始め、友人と同僚を非難し、物事を「人民の立場」から見始めたのだった。

8週間の拘留の後についに鎖が外され、彼は尋問の間座ることが許されるようになった。供述書を何度も書き直すのに、親切な助言が与えられるようになった。彼はまた、たとえば囚人たちに日に2回だけトイレにダッシュしてよいというような、囚人たちの行動を厳しく統制する監房内の日課が与えられた。彼らは全部済ますのに45秒しか与えられていないので、トイレまで走って行かねばならなかった。

続く3年の間、ヴァンサン医師は独房での学習プログラムに参加し、彼を捕まえた者たちと同じ観点から世界を見ることを学んだ。仲間の囚人たちは「級友《スクールメイト》」と呼ばれ、彼を捕まえた者たちは「教官《インストラクター》」と呼ばれた。毎日12時間討論が行われた。3年目には彼を捕まえた者たちと仲良く暮らし始め、25年間の重労働が予想される罪の判決を待ち望むようになった。ついに彼はテレビカメラの前で供述書を読み上げ、公式にサインした。彼は訴追され、そして中国を離れることを許された。

自由になると、西洋流の生活に再適応することがまったく困難なことに彼は気がついた。「それ（監獄）がなつかしいとは思わないが、そこにいた方が気楽だ」と彼は述べた。中国当局から非常に不当な扱いを受けたが、他人を受け入れようとするようになり、また他人の内面の感情に敏感になる、という変化を経験したと、ヴァンサン医師は考えるようになった。

ヴァンサン医師の場合に起こった重要な出来事の順序を確認すれば、洗脳のプロセスの一般的なパターンを知ることができる。

・逮捕　日常生活から完全にそして不意に移動させられる。
・非人格化　たとえば、番号で呼ばれることによって。
・闘争　捕まえた者の観点から物事を見るという議論を通して。
・寛大さ　少し大目に見たり、人間らしい触れ合いや受容のサインを見せる。
・統制の喪失　トイレのような生活上のすべての面で。
・学習　連日続けて何時間も自己分析をする。
・変化　最終的に世界を別の観点から見る。

もちろん、この過程によってヴァンサン医師は人生を正しい観点から見るようになったのだと考えるなら、この過程は教化ではなく教育と言えるだろう。これは態度と行動を変えようとするすべての試みの核心にある道徳的問題であり、プロパガンダに関する第2章で再びこの問題に立ち戻る。

まとめ

以上に述べてきたことは、戦争への心理学の応用におけるさまざまな問題のいくつかを垣間見させてくれる。他にも多くの問題が研究されてきた。たとえば、集団の中で兵士たちはどのように行動するのか、人を優れた軍事的指導者にするものは何か、攻撃されている状況の影響は何か、なぜ兵士は残虐行為をすることがあるのか、などがある。これらすべてを含めてたくさんの問題が、さまざまな軍組織の関心を集めてきた。世界の諸地域で戦争が続く限り、戦争はたくさんの研究の題材と研究結果の応用をもたらすだろう。もちろん、戦争や人間の行動の制御における心理学の全活動の中でももっとも有名なもののひとつがプロパガンダの使用で、これについては次章で考えよう。その前に、戦争のいくつかの影響について手短に見てみよう。

◆ 戦争の影響について心理学は何を教えることができるか？

イギリス心理学会による核戦争についての報告書（Thompson, 1985）は、戦争の影響についてもっとも明確に述べた要約のひとつで、核戦争のあらゆる側面について、可能な限り心理学上の証拠を概観している。今では二大軍事大国間の全面核戦争の脅威がなくなったので、この報告書は少し時代遅れになったが、戦争がもたらすものについて今も通用する多くのことが述べられている。この報告書は、大規模な破壊と民間人の大量の死傷にどう対処するかを述べるために、過去の戦争と自然災害への人々の反応を考察しており、壊滅的な出来事に備えて対処できるように、民間の防衛・防災計画を策定するのに使うことができる。

戦争の影響として近年多くの注目を集めるようになったもののひとつに、戦争を生き延びた人たちへの長期にわたる心理的影響がある。この研究の中心が、**外傷後ストレス障害**（以下ＰＴＳＤ）として知られている状態である。この概念は、たとえば第一次世界大戦中の「シェル・ショック」として知られる状態のような、心的外傷となるストレスをもたらすさまざまな分野の研究から生まれた。しかし、この状態がそれ自体ひとつの症候群として実際に認められるまでには、長い時間がかかったし、それがたんなる臆病や想像力過敏のためではなく、外傷的な経験の結果生じる現実の精神疾患なのだということを軍隊その他が認めるのにも、時間がかかった。

外傷後ストレス障害は１９８０年のアメリカ精神医学会の『精神疾患の診断・統計マニュアル第３版』（**ＤＳＭ－Ⅲ**）ではじめて記載された。この状態は３つの主要な症候をもつ。現象の再体験（たとえば、外傷的な出来事や状況の反復的で侵入的で苦痛な想起）、回避もしくは麻痺反応（外傷に関連した思考や感情を回避しようとする、他の人から孤立している、または疎まれているという感覚）、それに覚醒亢進状態（睡眠維持の困難、いらいら、怒りの爆発など）である。

こうした反応はこの障害をもっていなくても外傷的な出来事の後で経験するものと質的に違わないし、災害や惨事に会ったなら誰もがもつ反応である。ＰＴＳＤをもつ人が異なるのは、症状の広さと深刻さと持続性である。この状態は周期的で、症状が消えたりまた現れたりする。外傷的な出来事の後しばらくしてから現れることもあるし、時には数ヵ月や数年後に現れる場合もある。遅く発症したからといって、深刻さが少ないというわけではない。

外傷的な出来事に対して誰もが同じように反応するわけではないし、誰がＰＴＳＤになり誰が速やかに再適応するかは、どちらかというと予測できない。しかし、ストレスが非常に深刻で、また長引く場合には、誰もがやがてＰＴＳＤになるだろうということを示唆する証拠がある。スワンク（Swank, 1949）はノルマンディ作戦（第二次世界大戦）の生存者４、０００人を調査し、仲間の４分の3が殺されると兵士全員が何もできなくなることを見出した。さらにアーキボールドら（Archibald *et al.*, 1963）は、外傷的な出来事から15年経った後でさえ、生存者の70パーセントがＰＴＳＤの症状を示したことを見出した。

最近の研究から、心的外傷の影響が生涯続く可能性があることが示されている。ハント（Hunt, 1997）は７００名以上の第二次世界大戦の生存者を調査した研究で、外傷後ストレスを測定するために使われた心理学的尺度のひとつ（出来事のインパクト尺度）でおよそ20パーセントが外傷後ストレスを経験していると思われることを見出した。ハントは、多くの帰還兵がいまだ、しばしば戦争に関係した夢のかたちで、戦争に関わる思考の侵入を経験していると報告している。この戦争が終わってから50年以上経っていることを考えてほしい。思い出を一切避けることで、この経験に対処している者もいる。たとえば、ある帰還兵はこう述べた。

> 誰にも何も話していない。妻も娘も、私が捕虜だったことを知りません。
>
> （Hunt 1997, p.359）

ＰＴＳＤは戦闘員に限らない。ウォー（Waugh, 1997）は第二次世界大戦が民間の女性に及ぼした影響を調べた。彼女らの多くは戦争を直接経験したが、大都市に住んでいた場合は特にひどい爆撃を受けた。こうした女性たちの中には、ＰＴＳＤをもつ戦闘員に見られた侵入的思考や回避反応と同じ種類の症状を示す者がいた。

まとめ

戦争が戦闘員だけでなく民間人にも有害な心理的影響を及ぼす可能性があることに、私たちは次第に気がつくようになった。こうした研究が引き起こす議論のひとつは、心理学は、ストレス反応をもつ人たちが戦争状態にもっとうまく対応できるようにするべきなのか（そうすることによって戦争を長引かせるかもしれない）、それとも戦争に反対して後世にストレスが生じる機会を減らすことによって、このストレスに対処するよう励ますべきなのかである。

読書案内

Tailor, A. J. P.（1963）*The First World War: An Illustrated History*, Harmondsworth: Penguin.（倉田稔訳『第一次世界大戦——目で見る戦史』新評論社 1980）どんな有名な戦役についての本でも、戦争がどのように行われるのかについて何らかの理解が得られるだろう。この本には１９１４年から18年にわたって行われた戦争の恐ろしさを伝えるたくさんの写真が載っている。

Watson, P.（1980）*War on the Mind: The Military Uses and Abuses of Psychology*, London: Penguin. 戦争における心理学の使用についての包括的な説明で、さまざまな軍組織から得られた研究事例が豊富である。

訳注1　いずれもイギリスＢＢＣで放送されたコメディ番組。

訳注2　トラファルガーの海戦で、ナポレオン率いるフランス艦隊に勝利したネルソン提督を記念して作られた、ロンドン市内にある広場。いつも鳩の群れがあふれている。

第2章　心理学とプロパガンダ

◆はじめに

プロパガンダとは何だろう？　答は、あなたがそもそもどのような態度をもっているかにかかっているから、簡単には答えられない。もしもある政治的メッセージに同意しているなら、それを事実を述べたものと考えるだろうし、同意していないなら、操作的なプロパガンダだと考えるだろう。以下の節では、20

世紀の3つの軍事衝突の実例を使って説得的メッセージとプロパガンダの重要な特徴を探る。続いて政治家が人々を同意させるために使う技術のいくつかを見よう。まずはプロパガンダと説得的メッセージということばが、どんなことを意味しているのかを見ることにしよう。

プロパガンダということばはラテン語のプロパガレ propagare に由来している。これは庭師が草花の若芽を地面に刺してそれが生長し別々の草花になるようにする作業のことを意味していた。だから文字通りにとれば、プロパガンダとは「広められるべきもの」を意味する。このことばが現代的な意味で最初に使われたのは17世紀のカトリック教会によってで、キリスト教を広めることを表していた。カトリック教徒ならこれを良いことと考えたし（カトリック教徒でないなら悪いことだと考えた）、プロパガンダをしていた人々は、自分の仕事を邪まなこととも不正なこととも思っていなかった。しかし今日では、このことばは大いに悪意を含んでいる。

プロパガンダと教育の間には重なるところがある。どちらも人々に情報を与えて人々を変えようとする活動であるが、私たちは概して一方を良いことだと考え、もう一方との関わりを否定する。マクガイア（McGuire, 1973）は教育とプロパガンダを区別する多くの点をあげているが（表2-1）、公平に言って、多くのメッセージはこれら2つの基準の間にある。

プロパガンダについて考えるとき最初に思い浮かぶイメージのひとつが、「戦時体制」を取らせるように、言い換えれば国民に起こりつつある戦争状態と犠牲を受け入れさせ、もっと働かせることを狙ったポスターである。第二次世界大戦のポスターのひとつを図2-1に示した。このときのイギリスのプロパガ

表 2-1　教育とプロパガンダの相違点

	教育	プロパガンダ
目的		
1	態度を変える	感情を変える
2	事実にもとづいた，実証可能な信念を変える	好みの問題あるいは実証不可能な事柄についての信念を変える
動機		
3	メッセージの送り手に下心はないし，そのメッセージが受け取られることから何かを得る見込みはない	メッセージの送り手には偏向があるし，コミュニケーションの成功から利益を得る見込みがある
4	送り手にはだます意図がない	送り手にはだます意図がある
内容		
5	正しい情報と理性的な主張	正しくないか選択的な情報と感情的な主張
効果		
6	メッセージの受け手の注意と理解を通して影響がもたらされる	受け手がメッセージに従う程度で影響力が決定する
7	維持されることが重要	行動で示されることが重要

ンダに共通するテーマのひとつは、敵の行為に関する残虐な話だった。これらのイメージの目的は、（a）悪人どもに勝たせてはならない、（b）私たちは善良であり立派な目的のために戦っている（これは正義の戦争である）、と示唆することによって戦いを続けるよう励ますことだった。たとえばドイツ人は敵兵の死体をゆでて石鹸を作っている、といった噂が広まった。残虐な話のうちのいくつかは多少の真実を含んでいたが、それ以外はまったくの作り話だった（Pratkanis and Aronson, 1992）。

　プロパガンダは１９６０年代と１９７０年代の社会学者にとって重大な関心事だった。プロパガンダは「やつら」、つまり邪悪な者たち（通常は中国とソ連、およびその同盟国の共産主義諸国）によって行われ

図2-1　「残虐な物語」のプロパガンダ・メッセージの例
「これが敵だ」

ると考えられていて、そして教育はわれわれ、つまり善良な者たち（ヨーロッパとアメリカとその同盟国）によって行われると考えられていた。プロパガンダは人々に劇的な影響を及ぼしうるし、極端な政治的信条を信じさせて道徳的に弁解の余地のない行動を取らせることができると考えられていた。大規模な集会、感動的な演説、テレビのメッセージによるコントロール、それに学校での体系化されたカリキュラムを通して、プロパガンダのもっとも強力な方法が達成されると考えられていた。しかし、プロパガンダについてそのように考えるのは2つの理由でもはや適切ではない。第一に、プロパガンダが多大な効果をもっていたという証拠はほとんどないし（McGuire, 1985）、第二に、今日私たちはテレビやラジオを通じて情報をさまざまに受け取っていて、どのような政府であれ、情報の受け取り方をコントロールするのが非常に困難である。

◆説得的メッセージ

すでに見たように、プロパガンダと教育を矛盾なく区別するのは困難であり、社会心理学ではプロパガンダを説得的メッセージというより広い問題の中で考えることが多いのはそのためである。プロパガンダと呼ばれていた活動の多くが今日では「ニュース・マネージメント」と呼ばれている。用語の変化それ自体がプロパガンダと言え、少しばかり悪意のある用語の「プロパガンダ」ではなく、「ニュース・マネージメント」のような中立的な用語を使うことでそうした活動が別の角度から見られ、政治家や実業家や軍隊が新しいニュース・マネージメントの成功を自慢するようにさえなる。ニュース・マネージメントはプロパガンダよりも微妙な過程であるが、この2つには共通する多くの特徴があるし、両者とも説得的メッセージの見出しの下に述べることができる。本書の第3章で広告について考えるときに説得的メッセージの別の例を見ることにして、この章ではまず、説得的メッセージを考えるための枠組みを与える、いくつかの心理学的研究を見ることにする。

説得的コミュニケーションに関するエール大学の研究

説得的メッセージに関する初期の研究は、エール大学でカール・ホヴランドら（たとえば、Hovland *et al.*, 1953）によって行われた。ホヴランドは**学習理論**のアプローチをとり、メッセージが人の態度や行動を変化させるのは、その変化によって何らかの強化を得るとその人が考える場合であるとした。強化は、たとえば重要な人からの承認かもしれないし、金銭的なものかもしれない。

エール大学のグループは、この変化のプロセスの主要段階をつぎのようなものであるとした。

1　**メッセージにさらされること**　メッセージが影響力をもつためには、メッセージのターゲットとなる者がそれを見るか聞くかしなければならない。

2　**注意**　いったんメッセージにさらされたなら、ターゲットはそれに注意を払わなければならない。これは多くの政治的メッセージの場合難しい。「これは……のための党の政見放送です」ということばを聞いたとたん、チャンネルを変えられてしまうからである。

3　**理解**　ターゲットはメッセージの中で言われていることのすべてを理解しなくてもいいが、メッセージが影響を与えるためには結論が理解される必要がある。

4　**受容**　メッセージが理解されたなら、変化が生じるためには、ターゲットがそれを受け入れなければならない。

5　**維持**　ターゲットはメッセージを覚えていなくてもよいが、新しい態度を保持しなければならない。

6　**行動の変化**　行動の変化によって望ましい結果が達成されるには、新しい態度が行動を導くものでなければならない。

エール大のアプローチにもとづく研究

メッセージが態度や行動に及ぼす影響を調べる多くの研究がなされたが、それを十分に概観することは本書ではできない（このアプローチのいくつかについては、広告についての第3章で詳しく述べる）。スリーパー効果と、政治的メッセージに適用する選択的注意という2つの研究例が、その雰囲気を伝えてくれるだろう。

スリーパー効果について最初に述べたのはホヴランドら（Hovland *et al.*, 1949）である。彼らは、メッセージの送り手がメッセージの受け取られ方に大きく影響することに気づいた。メッセージの送り手に敬意が払われているなら、敬意が払われていない場合よりもそのメッセージは最初の影響力が大きい。たとえば、尊敬されている政治家のメッセージは、バーで飲んでいる酔っぱらいのメッセージよりも大きな効果をもつだろう。しかしこの効果は時が経つにつれて小さくなり、敬意を払われている送り手の効果が低下する一方で、敬意を払われていない送り手の効果は増大する。人はメッセージは覚えていても、その送り手のことは忘れるようだ。そのため、一晩寝て考えたならメッセージは違った効果をもつようになり、送り手の影響力は消えるだろう。その後の研究でこの知見が吟味されたが、スリーパー効果は一定の条件下でのみ起こるようだった。プラトカニスら（Pratkanis *et al.*, 1988）によると、スリーパー効果は、（a）メッセージが送り手よりも覚えやすく、（b）そのメッセージが敬意を払われていない送り手のものでなかったとしても、もともと説得的だった場合に生じる。

メッセージへの注目の問題に関しては、聞きたいメッセージや同意しているメッセージには注目するが、同意しないメッセージには注目しないことが、現在では確立された知見になっている。早くも1960年、アメリカの大統領選で最初のテレビ討論がなされた際、視聴者は好きな候補者が演説をしているときは（ケネディでもニクソンでも）注意を払うが、そうでない候補者が演説をしているときはよそ見をしたり別のことをしたりすることが観察された（Sigel, 1964）。エール大学の研究は多くの発見をもたらし、今日、たとえば政治家や広告業者や健康教育に携わる人々に利用されている。

直感にもとづく心理学

社会心理学は人間の行動を記録し、調べる。しかし、なかには研究しなくても人間の行動を直観的に理解する人がいる。説得の分野では何百年にもわたって人々に影響を与えることのできた卓越した技術をもつ者がいる。アドルフ・ヒトラーは20世紀のもっとも操作的なプロパガンダを行った人物として悪魔のように描かれるが、以下の彼のことばの引用を読んで上記の説得の重要な段階に関するエール大学のリストと比べるなら、彼が心理学を学ぶことなしに説得の原則を理解していたことがわかるだろう。

> 大衆の受容能力は非常に限られており、理解力は小さい。一方忘却力は大きい。したがってすべてのプロパガンダは、重点をいくつかの点にしぼり、それをスローガンの形にして、意味するところが最後の一人にまで理解できるようにしなければならない。この原則を犠牲にしてあれもこれも取り入れようとするなら、プロパガンダの効果はたちどころに消えて無くなってしまう。というのも、大衆は提供されたものを消化することも、記憶しておくこともできないからである。
>
> （Hitler, 1925, p.77）

このようなプロパガンダのメッセージ分析に加え、ヒトラーは大衆政治集会も創案した。ニュルンベルクでの集会が有名だが、数千人の聴衆が熱気あふれるこのイベントの中でそれぞれの役割を演じた。集会は念入りに計画された演劇的なイベントで、音楽と舞台装置と音響による演出がすべて最大の劇的効果を作り上げるよう振り付けられた。聴衆は演説が始まる前に1時間以上も歌とシュプレヒコールで興奮させられ、これが演説の熱気をますます高めた。こうした集会が、居合わせた人々や、映画でこれを見た人々に及ぼした効果を調べた研究はないが、人々に強大かつ大衆的な運動への帰属意識を与えたように思われる。

◆――プロパガンダ・キャンペーンの例

第二次世界大戦のときに連合国軍によって行われたドイツ兵へのプロパガンダ

シルズとジャノウィッツ（Shils and Janowitz, 1948）は、ドイツが戦争に敗れつつあった時期に、この戦争の終結へ向けて連合国軍が行ったドイツ兵へのプロパガンダの有効性を検討した。士気が落ちているであろうし、また最後にはどうなるかという恐怖が増しつつあるに違いないので、どんな戦争でもプロパガンダが最大の効果をもつのはこの時期である。このときのプロパガンダの目的は、ドイツ兵の士気を低め、そして降伏を促すことだった。この戦争の最後の3年間に大量のパンフレットとニューズレターが戦線の背後に落とされ、その後に降伏したり捕虜になったりしたドイツ兵への面接調査から、その読まれ具合と効果が評価された。

面接調査によると、パンフレットはそれほど大きな効果を上げなかった。ドイツ人捕虜はしばしばパンフレットを読んでいて、またその内容を信じたと報告したが、戦場での行動に影響を与えた様子はなかった。たとえばノルマンディー（フランス北部の海岸）の戦いでは、1回のキャンペーンでドイツ兵の90パーセント以上が連合国軍のパンフレットを読んだが、このときの戦闘はドイツ兵の高いレベルの士気と連合国軍の進攻に示した彼らの頑強な抵抗でつとに知られている。

連合国軍のパンフレットはたいていドイツ兵の60から80パーセントに読まれ、また彼らは仲間に回覧した。連合国軍心理戦師団は日刊紙（*Nachrichten für die Truppe*）を発行し、戦線の背後に落としたが、拾われたものは1部につき4名から5名の兵士に読まれたと見積もられた。

戦術的プロパガンダと戦略的プロパガンダ

シルズとジャノウィッツは戦術的プロパガンダと戦略的プロパガンダを区別した。戦術的プロパガンダとは、戦術的状況ですぐの効果を得ようとするものである。これは、たとえば敵にどうすれば無事に降伏できるかを告げる拡声器での呼びかけである。この技術は多くの成功をもたらした。たとえばアメリカ第四装甲師団はその心理戦部隊が4日間の進行中に500名以上の捕虜を捕えたと報告した。この技術がうまく使える対象は、しばしば、その役割を果たすための能力が破壊されてしまった孤立した部隊や集団だった。

一方、戦略的プロパガンダはより長期的な効果を求めるものである。このためのパンフレットは、4つの主要なテーマに集中していた。

・ナチス党とその戦争目的へのイデオロギー上の攻撃
・ドイツの状態に希望がないこと
・連合国の戦争目的の正当性
・捕虜には良好な待遇をするとの約束

第一の点が効果をもったという証拠はほとんどない。連合国軍はドイツ人捕虜への心理戦世論調査を毎月行っていたが、戦争の最後の数ヵ月にいたるまで、ナチスへの支持は下がらなかった。これらのキャンペーンで大成功したことが明らかだったのは「安全通行証」が載ったパンフレットだった。それは公式なスタイルで書かれ、アメリカ軍最高司令官（アイゼンハウアー将軍）の署名があった。戦争捕虜として良好な待遇をするとの約束が、もっとも効果的なメッセージだったのである。

連合国軍はプロパガンダに高い期待をもって心理戦を始めたが、部分的にしか効果を上げなかった、とシルズとジャノウィッツは結論した。ドイツ兵の団結力が強いときはプロパガンダにははっきりとした効果がほとんどなかった。軍事的な敗退による極度のプレッシャーに集団が見舞われたときは、プロパガンダはドイツ兵の士気を低下させ、兵士たちの降伏を促した。

東南アジアにおける、アメリカによるプロパガンダ・キャンペーン

ベトナム戦争がいつ始まったのかを言うのは難しい。１９４５年にホー・チ・ミンはベトナム民主主義共和国を宣言し、フランス人の植民地支配者を彼の国から追放するための最終戦を開始した。面白いことに、彼はアメリカをこの新しい共和国の味方として当てにしていて、演説の中でアメリカ合衆国独立宣言を引用した。10年後、フランスはついに追い出されたが、それよりも前にベトナム人民の民主主義を求める熱気に抗してアメリカが介入を始めた。この介入はしだいに大規模なものとなり、アメリカに都合の良い軍事政権が国の南部に作られた。１９６０年代中期から１９７０年代におよぶ10年間、アメリカはベトナム人民と全面戦争を戦った。なぜそのようなことをしたのか、今日に至ってもはっきりとはわかっていない。アメリカ兵たちが農民兵らによってついにベトナムから追い出された１９７５年に、この戦争が終わった。少なくとも１３０万人が戦闘で死に、それ以上の者が障害を負った。死者のうち５８、０２２名（5パーセント以下）がアメリカ人で、残りがベトナム人だった（Pilger, 1989）。だからこの戦争が今日アメリカの悲劇と思われているのは、西洋のプロパガンダの勝利なのである。この戦争についての私たちの見方は、アメリカ人の目を通してのものである。ベトナム人が私たちに、乏しい武装の田舎の人々がどのようにして大量破壊と大量殺人に耐え、地球上でもっとも強力な軍隊を負かしていったかを語るのを、私たちが耳にすることはめったにない。

ベトナムでアメリカ軍は、シルズとジャノウィッツが上に述べた第二次世界大戦中のプロパガンダとは

異なったトラブルに見舞われた。ベトナム兵の軍隊をどうしても見つけられないので、的をしぼることができず、そのためパンフレットがいたるところに大規模に投下された。またアメリカ軍は民間人がベトナム人戦士を支援するのをやめさせようと、民間人に目をつけた。ベトナム人戦士もプロパガンダの技術を使ったが、彼らが使える資源は同じレベルではなかった。

ワトソン（Watson, 1980）はベトナム戦争中にアメリカによって行われたプロパガンダ・キャンペーンを検討しているが、ベトナム人戦士を離脱させる莫大な努力がなされたことを示している。彼の引用している軍の文書では、1969年3月の1ヵ月間にアメリカ軍が7億1300万枚のパンフレットを投下した上に、さらに300万枚を手渡しで配った、と見積られている。すべては離脱を促すためだった。同じ月に同じ目的のために15万6000枚のポスターが配られ、2000時間の放送がされた。軍の報告書はこのキャンペーンの有効性の評価をしていないが、離脱を促すもっとも良い方法は、すでに離脱した戦士の物語を通してであると述べている。

ベトナムを何回も訪れたジャーナリスト、ジョン・ピルジャーは、この時期に行われた心理戦の活動の直接体験を報告している。以下は彼の日記の記載の一部である。

> 1970年8月30日。南ベトナム、タイ・ニン州の「スナッフィ」野砲陣地にて。「この戦争ではヘリコプターがわれわれの救世主だって言えるだろうね」。オハイオ州クリーブランド出身のフランク・リトルウッド大尉が言う。「なぜって、ヘリコプターなしじゃ、これほどうまくいかなかったってことさ」。リトルウッド大

尉はアメリカ第一空中騎兵隊のサイオプ士官だ。その連隊旗にはカスター大佐の第七騎兵隊の十字剣がある。サイオプとは心理作戦を意味している。

> 「今日われわれがするのは」、とリトルウッド大尉がローターの音に負けじと叫ぶ。「敵をおじけさせることなんだ。これから『さまよえる魂』と呼んでいるテープをかける。君はもう、ベトナム人の暮らしを理解しているから、『さまよえる魂』の背後にある力を知っているだろ。ご存じのとおり、ベトナム人は先祖を敬ってて、霊魂やらそんなものに大いに気を配ってるんだ。それでわれわれが行おうとしているのは、ジャングルの上を低空で飛んで、スタジオでつくった先祖の声、幽霊の声を流すのさ。わかる？　幽霊、というか先祖の声が、ベトコンに、人が自由に生きる権利を邪魔するのをやめなさい、さもないと縁を切るよって言うのさ。」
>
> 私たちのヘリコプターは木々の上数百フィートまで下降する。リトルウッド大尉はスイッチを入れ、２つの拡声器からよく響く声が発せられる。声が響き、時にはわめく一方で、ひとりの軍曹が、これも先祖からの脅しを書いたパンフレットをひとつかみ投下する。リトルウッド大尉はパンフレットの入った箱をひとつ、開けずに投下する。「たぶん」と彼は言う。「やつらの誰かの頭に当たるだろ。彼の考えを変えることなんて気にしちゃおれないのさ。」
>
> (Pilger, 1975, pp.70-71)

ピルジャーは心理作戦部隊が行った他の多くの任務についても述べている。そのうちのひとつは村人に歯ブラシと化学処理式便器を与えることで、アメリカ軍を支持するよう促すものだった。この任務の目的は民間人の完全な支持を得ることだったが、任務が始まるとき、その村は重装備の部隊に取り囲まれ、有刺鉄線で囲まれたことに触れなければならない。さぞかし、ベトナム人にブラシで歯を強く磨かせるよう促したことだろう。

ワトソン（1980）によると、上述のプログラムはサイオプによるプロパガンダ作戦の代表的なものだった。さまざまな国について立案された、社会的プロフィールを記した軍事文書を彼は引用している。プロフィールには、つぎのような情報が含まれていた。

・著名人
・近づきになるためによく使われる贈り物
・ゴミと廃棄のパターン
・指導者への態度
・指導者の見解

それらはまた、それぞれの文化でどのような臭いがもっとも不快とされるかなどの項目を含む、社会的・宗教的習慣についての情報も集めていた。プロパガンダ作戦はまた、特定の態度や著名人、習慣、信念を標的にしていた。このアプローチの一例が、ピルジャーが目撃した「さまよえる魂」キャンペーンだった。もうひとつの例はベトナム人の喪の慣習に関わるものだった。命日と同様に、49日後と100日後に死者を思い出す習慣がベトナムにあった。大きな戦闘があった後のこれらの日に、親族を亡くしたであろう人々の住む地域にアメリカ軍はパンフレットを投下した。その目的は、その日の悲しみを強め、さらにはベトナム人の士気を衰えさせることだった。

上述の2例のプロパガンダ・キャンペーンは比較的理解できる範疇に入っている。その他の中には理解しにくいものがある。たとえば、朝鮮戦争時にアメリカ軍は北朝鮮（彼らの敵）のトイレの落書き情報を集めた。この調査では政治的な落書きがほとんど見つからなかったが、北朝鮮の指導者（金日成）の写真が載った新聞紙がトイレットペーパーとして使われた場合があることがわかった。北朝鮮では彼の写真をこのように使うことは厳しく禁じられていた。金日成の写真が載ったトイレットペーパーが用意され、私にはよくわからないが、使うように勧めることが決定された。もっと注目に値する例が、ハワードとヒット（Watson, 1980に述べられている）による臭いの人類学的研究の報告にある。この研究の目的は、ある特定の文化向けの悪臭弾を設計することだった。臭いについての評価は文化集団によって大変異なるので、ハワードとヒットはクラクラさせたり怯えさせたりする臭いを探した。この臭いはゲリラ戦闘員を隠れ場所から広々とした所へ追い立てるために使われるもので、ゲリラがそこへ出てきたら、文化が異なるのでその臭いがまったく気にならないアメリカ兵が撃つというわけである。彼らが発見したことのひとつに、ビルマとタイ北部に住むカレン族は西欧人がむかつく多くの臭いに割合と平気だが、料理用の油の臭いを恐れた、というのがある。だから、もしビルマで失踪しようと考えているなら、揚げ鍋を携帯すればよい。

１９９１年の湾岸戦争

湾岸戦争は上述の2例とは非常に異なる戦争だった。１９９０年の夏、イラクは隣国のクウェートに侵入し、併合した。国際連合の政治的決議の下にアメリカに率いられた多数の重装備部隊がサウジアラビアに集結し、ついに１９９１年イラク軍を攻撃、クウェートから追い出した。この事例では、攻撃側の諸国の市民にこの攻撃に不満をもたせず、全般的な同意を得るというはっきりとした目的のためにニュース・マネージメントが使われた。

イギリスとアメリカの政治家のコメントのテーマのひとつが、サダム・フセイン（イラクの指導者）をアドルフ・ヒトラーに結びつけることだった。２つの問題を結びつけることの効果のひとつは、その問題への類似した解決法を探させることだ。ドイツおよびヒトラーとの戦争について広く知られていることは、連合国軍はドイツの独裁者に抵抗すべきだったときに譲歩するという初期の誤りをしたことである。したがって歴史からの教訓は、独裁者には抵抗せよ、譲歩するな、ということである。ギロビッチ（Gilovich, 1981）による実験室での研究によると、架空の政治的危機を解決するよう求めたとき、その決定に影響を与えた重要な変数のひとつは、与えられた情報がナチスドイツに言及していたか、あるいはベトナム戦争に言及していたかであった。ベトナム戦争からしばしば導かれる素朴な教訓は、アメリカは（あるいはどんな大国も）、基本的に利害関係をもたない他国の戦争に関わるべきではない、ということである。ナチスドイツと結びついた資料を与えられた人たちは、ベトナム戦争に結びついた資料を与えられた人たちよりも軍事行動に賛成する傾向が大きかった。

イギリスとアメリカの国民にイラクとの交戦を受け入れさせる方法のひとつが、この戦いをベトナム戦争ではなく第二次世界大戦と結びつけることだった。この戦略は最初はうまくいったようだったが、戦争の終わりには国連軍に問題を引き起こした。軍事行動はイラク全土を接収することなく、そしてサダム・フセインを権力の座から追放することなく終わった。アドルフ・ヒトラーとナチス政府を権力の座から追放することなしに第二次世界大戦が終わることなど想像できない。国連軍がサダム・フセインをアドルフ・ヒトラーと同じと考えていなかったことがはっきりしたとき、湾岸戦争のアナロジーが壊れた。プラトカニスとアロンソン（Pratkanis and Aronson, 1992）の示唆によると、国民がこのことに気づいたことが、アメリカ大統領ジョージ・ブッシュの人気凋落の始まりだった。

ニュースを操作する

湾岸戦争がまだ始まっていない段階で、アメリカ軍特殊部隊はニュース・マネージメント作戦を開始していた（Manheim, 1993）。彼らは特に、マクガイア（McGuire, 1964）によって最初に提案された免疫技術に興味をもった。このアプローチは、全住民に何らかの悪いニュースを受け入れる準備をさせ、そして起こりそうなどんなマイナスのメッセージにも挑戦させることを目的にしていた[1]。この特殊部隊の特別任務は、以下の通りだった。

・問題と混乱状態が予想されるという状態を保つ。
・軍への信頼性を維持する。
・予期しない出来事が起こるのを防ぐ。
・「正しい」第一印象を作り「誤った」印象を防ぐ。
・平静を保たせる（慌てるな！）。

この戦略の一例は、化学戦の脅威を扱ったやり方である。軍はイラクが化学兵器をもっていることを知っていて、イラク政府と対立していたクルド人に対する軍事行動で使われた証拠ももっていた。この兵器はアメリカ軍にかなり大量の死傷者を出すおそれのあるもので、特殊部隊はその危険性を無視したり軽く扱ったりするのではなく、記者たちへの一連の状況説明を始めとして、できるだけ早くこの話題を知らせるようにした。この戦略は人々にこの戦争中に起こるかもしれない悪いニュースを受け入れるさせる準備をしたのだった。

メディアをコントロールする

アメリカ政府は、自国民が支持しないならイラクとの戦争を続けることができないと考えていた。政府はまた、ベトナム戦争での否定的な報道がアメリカ国民の戦争継続への意志を弱めたと信じていて、同じことが再び起きないようにしたいと考えた。政府はこの戦争へのメディアの反応をコントロールする必要があったが、報道陣を締め出すことは作戦の信頼性に影響を及ぼすので避けなければならなかった。アメリカ政府は、イラクをジャーナリストであふれさせることで、望む結果を手に入れた。

アメリカ軍は「ホームタウン・ニュース計画」を展開し、軍の費用で地方ジャーナリストを全米から湾岸地域へ連れていった。記者会見ではジャーナリストたちは皆、それぞれが独自に質問したがったが、ほとんど同じことの繰り返しで、しかもどちらかと言えば事情に精通していなかった。これは、より知識のある、そして批判的な中央のメディアを締め出すという効果をもった。軍はまた、しばしば皮肉屋と見られている中央のメディアよりも地方のメディアの方がアメリカでは信頼されていることに気づいていた。ホームタウン・ニュース計画は、戦争中に約１、５００名のジャーナリストを湾岸地域に連れて行き（Manheim, 1993）、ニュースの発信を管理し、ニュースを地方向けの、しかも単純なものにした。このニュース管理は、石油のためにアメリカ兵が命を賭けるよう求められているといった打撃をあたえかねない問題が公的にならないようにすることに成功した。このような記事はブッシュ大統領にダメージを与えかねないものだった。なぜなら彼はテキサスの石油会社とつながりがあったし、このオイルコネクションを通してクウェートとの個人的なつながりがあったからである（Wayne, 1993）。

アメリカ軍によるニュース操作のもうひとつの面は、イラクの死傷者の見積りをすべて避けたことである。戦争が終わり、ひとりの政府職員が通常の手続きに従い、あるレポーターの求めに応じてこの情報を公開するまで、それは公表されなかった。彼女は職を解かれ、彼女のファイルは机から消えた。イラク人の戦死者は、男性が８６、１９４名、女性が３９、６１２名、子どもが３２、１９５名と見積もられていた。

大衆向けのニュースにはひとつの決定的な構成要素があった。それは、イラク人の悪魔化だった。クウェート人たちはアメリカのコンサルタント業者を雇い、自分たちの言い分のために1、100万ドル以上を支払った。その代理店は、イラク兵がクウェート人の新生児を保育器から引っ張り出してその設備を盗んだという、あの悪名高い話の情報源だったと報じられている。ひとりの若い女性がそれを直接目撃したと米国議会で証言したが、後に、その女性は在米クウェート大使の娘で、コンサルタント業者から証言の指導を受けていたということが判明した（Manheim, 1993）。

◆――政治家の説得技術

政治家は私たちの支持を取りつけるために広範な技術を使っている。この節では、いくつかの例を見ることにしよう。ひとつの重要な技能は聴衆に拍手喝采をさせるもので、イーグル（Eagle, 1980）がこれに関する研究について述べている。確認されたテクニックのひとつは、演説の終わりに人々にいつ拍手を始めるのかを教えるために使われる「繰り返しと終了の合図」である。つぎの例は、演説当時労働党内閣の首相だった、ジェームズ・キャラハンのものである。

「家をもたない家族がある限り、
病院のベッドが空くのを待っている患者がいる限り、

職のない男女、また肌の色のために
差別を被っている人がいる限り、
労働党政府としてのわれわれの仕事が終わる日ははるか遠いのであります。
われわれはこの精神および決意で前進します。」
（拍手喝采）

(Eagle, 1980, p.33)

政治家の中には演説が終わる前に拍手喝采が始まるよう、実にうまく合図を与えることができる者がいて、この場合は拍手喝采が自発的に始まったかのように見える。

演説中に拍手喝采を得る技術のひとつは、対比を使うことである。その一例が、１９８０年の労働党の特別集会での政治家トニー・ベンによる演説である。

「2、3百万人の意気消沈した長期失業者がいるのです。
ヒトラーが爆弾を**落とした**のではなく、
サッチャーとジョゼフが**閉めた**工場に
彼らは働きに戻らなければならないのです。」
（拍手喝采）

(Eagle, 1980, p. 34)

もし、政治家の演説に、特に党大会でのそれに耳を傾ければ、この他にもいろいろなテクニックを聞くことができるだろう。この種の研究で得られた別の観察結果に、演説中の喝采はいつも8秒間続くというものがあるが、これにも気づくかもしれない。このことは、政治集会の聴衆は、演説というドラマの進行における役割の演じ方を知っている、ということを示している。

問題を個人化する

政府への批判をかわす方法のひとつは、個別の人物について語り、多くの人々よりもひとりの問題を見ることである。このやり方にしたがって、成功したひとりを取り上げ、そして誰もがうまくやっているし、うまくやれるだろうと結論する。アメリカ大統領ロナルド・レーガンはしばしば「グレート・コミュニケーター」と称されるが、彼の技術のひとつがこのやり方で問題を個人化することだった。たとえば貧困の問題について語るとき、彼はあるひとりのベトナム難民の名前をあげ、アメリカに到着したときからの彼女の出世物語を話した。また、薬物依存の母親をもつ子どものための施設から這い上がった、ある黒人女性のことを語った。これら2つの物語は、貧困というものは克服可能な個人的な問題であり、社会問題は政府の介入によるよりも自ら切り開いていく個人の精神によって対処可能だということを示していた(Pratkanis and Aronson, 1992)。このタイプの演説は聴衆に情緒的な反応を巻き起こすが、貧困と劣悪な条件と闘い続けている対照的な多くの人たちを無視するのである。

グランファルーン

ヘンリー・タジフェル（たとえば、Tajfel, 1970）の研究を指して**最小条件集団パラダイム**と言うが、これはたとえば、「彼らは全員、きみと同じ山羊座生まれだよ」というような、個人とアカの他人の間に仮定した何らかの類似性に注意を向けさせることによって、その人にその集団を簡単に支持させることができることを示している。「グランファルーン」という用語はアメリカの作家カート・ヴォネガットの作品からきていて、この効果を説明する多くの教科書に使われている。グランファルーンは仲間であることを誇りに思っているが特段つながりに意味があるわけではない人々の集まりをいう。グランファルーンには認知的、情緒的な作用がある。認知面では、世界を自分たちとそれ以外に分類し理解するのを助ける。情緒面では、所属している集団から自尊心と誇りを得、自分の集団を擁護し、対立する集団を見下すことになる。

政治家はグランファルーン・テクニックを使って、人々を政治的な企図や軍事的計画の一部であると感じさせたり、他の集団の人々に敵対心をもたせたりする。極端な例が、民族集団をスケープゴートとして使うことである。ナチスドイツで使われたこのプロパガンダでは、ユダヤ人がドイツの抱える諸問題の元凶とされた。そしてドイツ人でない人間が誰かをはっきりさせ、悪魔と指弾することによって、ドイツ人の**アイデンティティ**に自信を与えるよう計画された。それはナチスドイツ独自の技術ではなく、人々に集団の重要な一部であると感じさせるために政治家の使う、ありふれた技術なのである。

◆まとめ

プロパガンダはしばしば、大声で叫んだり大きな文字を使ったりして人々の行動を変えようとする単純な過程とされる。心理学はこれをより洗練された過程にし、またときには見破るのを困難にするのに貢献した。プロパガンダのメッセージは、説得力ある物語を作り上げて、情報をおだやかに変化させる。またプロパガンダでは文化の分析もなされ、宣伝側は人々の生活の重要な問題を標的にして、態度と行動を変えようとする。今日ではニュースや広告を見聞きするとき、どんなメッセージにもニュース・マネージメントの細工がされていることを私たちは知っている。問題は、誰の手で細工されているかということだ。

読書案内

Pilger, J.（1989）*Heroes*, London: Pan. ジョン・ピルジャーはここ30年の主要な戦闘地域のいくつかでの、ジャーナリストとしての個人的かつ直接的体験を述べている。

Pratkanis, A. R. and Aronson, E.（1992）*Age of Propaganda: The Everyday Use and Abuse of Persuasion*, New York: W.H. Freeman.（社会行動研究会訳『プロパガンダ——広告・政治宣伝のからくりを見抜く』誠信書房 1998）広範な例を含む魅力的な著作。

原注１　同様の技術が１９９７年の総選挙の直前とその最中に、イギリス労働党の「緊急反論隊」によって使われた。

第3章 心理学と広告

◆はじめに

コマーシャルは私たちの日常経験にとけ込んでいる。意識しなくても、キャッチフレーズやコマーシャルソングが心に浮かんでくる。「それは新世代の味」、「前を走るクルマは……きみより速く疾駆する」、「でもね、10人中8人の飼い主が、うちのネコはこれが好きって言ってるの、とにかく本当、すぐに買ってね！」。毎日の会話にも広告のことばが出てくるほどだが、広告は本当にうまくいっているのだろうか？　そして広告業界の人たちは、襟まわりに小さな絵を付けただけの不当に高いTシャツを買わせるのに、どんなタイプの心理学を使っているのだろうか？

広告の目的のひとつは、私たちの行動を変えることである。広告は感情と態度を変えることによって、あるいはモデルの行動を真似させることによって、そうしようとする。本章の前半では、態度変容についての心理学的アプローチを見ることにする。続いて製品を購入させる仕方に心理学がどのように応用されてきたのかを取り上げ、最後に商品の心理学を簡単に見てみよう。

◆態度と態度変容の心理学

態度変容の研究は多くの心理学者の注意を引き、これまでに莫大な量の研究報告が出されている。リンゼイとアロンソン（Lindzey and Aronson, 1985）によると、このトピックに関しては毎年1、000以上の新しい研究論文が公刊されている。その関心事の一部はマスメディアが私たちの態度に及ぼす影響である。20世紀における社会行動の大きな変化は、マスコミュニケーションの拡大によるところが大きい。欧米の人たちはマスメディアからのコミュニケーションを受け取るのに、平均して毎日3、4時間を費やしていると見積もられている。これは、社交に費やす時間のおよそ2倍である（McGuire, 1985）。この節では、コミュニケーションのエール大モデルを見てから（第2章も参照）、ファクトイドについて手短に述べるこ

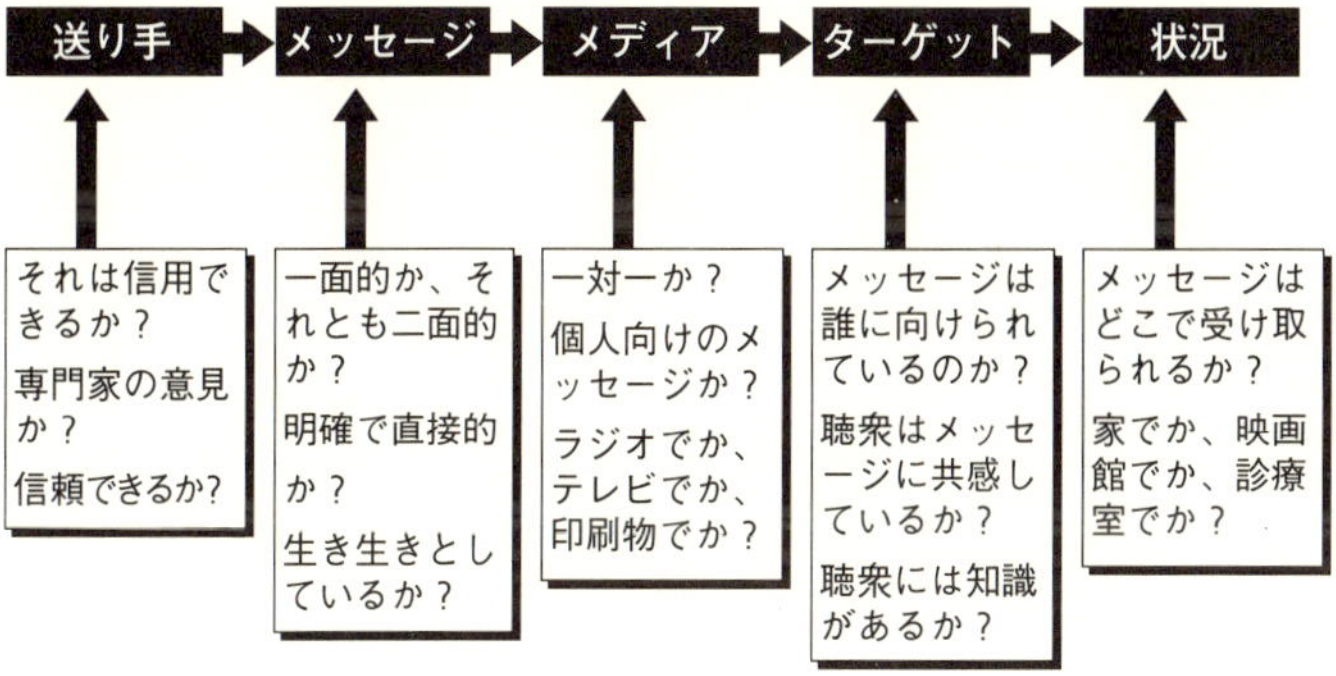
送り手
メッセージ
メディア
ターゲット
状況
それは信用できるか？
専門家の意見か？
信頼できるか?
一面的か、それとも二面的か？
明確で直接的か？
生き生きとしているか？
一対一か？
個人向けのメッセージか？
ラジオでか、テレビでか、印刷物でか？
メッセージは誰に向けられているのか？
聴衆はメッセージに共感しているか？
聴衆には知識があるか？
メッセージはどこで受け取られるか？
家でか、映画館でか、診療室でか？

図3-1　コミュニケーションのエール大モデル

とにする。

コミュニケーションのエール大モデル

この研究は発展し続けているにもかかわらず、その多くはいまだにホヴランドら（たとえば、Hovland *et al.*, 1953）が最初に取り上げた問題に取り組んでいる。これは一般にコミュニケーションのエール大モデル（プロパガンダについての第2章も参照）と言われている。このモデルは、つぎの5つが、説得的メッセージとその態度への影響を考えるにあたって考慮すべき重要な特徴であるとした（図3-1）。

・メッセージの**送り手**
・**メッセージ**の特徴
・メッセージを伝えるために使われる**メディア**
・メッセージの**ターゲット**
・メッセージが受け取られる**状況**

送り手

メッセージを送る人（送り手）の特徴が、反応の仕方に影響する。反応に影響を与える送り手要因は2つあり、ひとつは送り手の信頼性、もうひとつは送り手の魅力である。広告に関する研究知見はおおむね、魅力的な送り手は最大の効果をもつ、あるいは少なくとも、広告主はたいてい製品の宣伝に魅力的な人物を起用するので、それが彼らの信念である、というものである。しかし、ペティら（Petty *et al.*, 1983）が指摘するように、いつもそれがうまく行くわけではない。ペティらは、異なった送り手によってメッセージが与えられた場合の、使い捨てカミソリのメッセージの有効性について実験室実験を行った。人気の有名スポーツ選手と中年の地元の人をメッセージの送り手として起用し、またメッセージの質（その製品の品質についてのよく考えられた主張、あるいはスタイルや見かけについてのとりとめのない発言）と視聴者の動機づけ（一部は実験の終わりに、お礼としてカミソリをひとつ選べる）が異なるようにされた。お礼がもらえる視聴者は後にカミソリをひとつ選べるので、製品について知ろうという誘因があった。そうした人たちは送り手の違いよりもメッセージの質に影響を受けた。他方、お礼がもらえず、そのため製品についての情報をとりあえずは必要としない視聴者は、もっと送り手に影響を受け、有名スポーツ選手を使った広告を好んだ。このことは、メッセージが重要な場合は送り手の魅力の効果が薄いことを示している。

　私たちは自分に似ていると思う送り手からのメッセージに反応しがちである。クアルズとムーア（Qualls and Moore, 1990）は１００名以上の黒人と１００名以上の白人に、新しいビールの広告を見て、その広告、出演者およびビールを採点し、その後にビールを飲んで評価するよう求めた。広告は登場人物の

人種と社会階層が違うバージョンがあり、視聴者も同じ次元で異なっていた。クアルズとムーアは、人種に関しては同じ人種グループによる広告が好まれやすいことを見出した。白人の視聴者は黒人の出演者よりも白人の出演者を肯定的に見、黒人の視聴者は白人の出演者よりも黒人の出演者を肯定的に見た。このことはすべての社会階層を通して一貫していて、また製品の評価のされ方にも影響を与えていた。

送り手とメッセージの関係についてのもうひとつの側面にスリーパー効果があるが、これについてはプロパガンダについての第2章ですでに述べた。

メッセージ

メッセージの内容として重要であると知られている特徴には、つぎのものがある。

・**一面的なメッセージと二面的なメッセージ**　研究結果によると、もし視聴者がすでに同意しているなら一面的な主張をするのがもっとも良いが、もしそうでないなら別の観点も考慮する方が良い。

・**結論を言う**　メッセージの結論を視聴者自身に考えさせるのではなく、はっきりと言う場合がもっとも効果的なようである。

・**恐怖の喚起**　メッセージの多くは恐怖の要素を含んでいるが（たとえば、デオドラントを使わないと周りの人から臭いと思われるでしょう）、これに関する研究ははるか昔のジャニスとフェシュバック（Janis and Feshbach, 1953）にまでさかのぼり、それによると、恐怖の喚起はメッセージに反応させるよりもメッセージを避けさせることが多い。

メディア

メッセージは面と向かって伝えられることもあれば、テレビを通しての場合もあるし、ラジオや印刷物を通しての場合もある。チェイキンとイーグリ（Chaiken and Eagly, 1983）は、視聴覚に訴えるメッセージの方が印刷物によるメッセージよりも態度と行動に大きな影響を及ぼすことを見出した。その研究では、視聴覚に訴えるメッセージにおいては印刷物よりも送り手の魅力が重要なこともわかった。メッセージを読むときは、容易にその内容を送り手と切り離して考えることができる。実際、書かれたメッセージの送り手が誰なのか、たいてい意識しない。

ターゲット

視聴者が異なれば反応するメッセージも異なる。したがって、視聴者を特定してメッセージを発することが重要である。このかなり不幸な例が、１９７０年代と１９８０年代に黒人とヒスパニック系アメリカ人をターゲットにしたアメリカのタバコ会社のキャンペーンである（Zimbardo and Leippe, 1991）。その後の30年間、黒人とヒスパニック系アメリカ人のガン発生率が白人アメリカ人より急速に上昇した。アメリカのマイノリティグループをターゲットにしたこのキャンペーンでは、マイノリティグループに向けたブランドをつくり、黒人とヒスパニック系アメリカ人が読む雑誌にたくさん広告を出した。ターゲットをどうするかは多くの広告活動の重要な部分であり、本章の後半でさらにルコゼイドのキャンペーンの例を取り上げる。

状　況

状況が行動に影響を及ぼすことは、社会心理学の一貫した知見のひとつである（たとえば、**要求特性**に関する Orne, 1962 参照）。メッセージはどこで聞いたり読んだりするかによって、異なった印象を与える。たとえば健康製品のメッセージは、くつろいでテレビを見ながら夕食を食べている人たちにはあまり受け入れられそうにない。メッセージの有効性は、それを受け入れる準備が私たちにあるかどうかに、ある程度依存しているのである。

マシューとチャットパドエイ（Mathur and Chattopadhyay, 1991）は、視聴者の気分がいかに広告の有効性に影響を及ぼすかを示した。マシューらは広告の雰囲気がテレビ番組の雰囲気とどのように影響し合うかを調べ、人々が広告をどのように見るか、そしてどれだけ覚えているかに、番組の雰囲気が影響を与えることを明らかにした。楽しい番組は広告をより多く思い出させた。暗い気分の場合は、コマーシャルのメッセージをあまり思い出せないようだった。このことは、公共サービスのアナウンスがコマーシャルの時間帯の終わりに位置していることを説明するかもしれない。「ヘッドライトを下げましょう！」といった公共サービスのアナウンスは、人に考えさせ、まじめな反応を生み出すよう作られていて、もしコマーシャルの時間帯の始まりにあったなら他のメッセージの邪魔になるだろう。

ファクトイド

自分の態度は理性と良識にもとづいていて、人物や物事について何か結論を出す前には適切な証拠を考慮に入れていると信じたいところだ。しかしいつもそうしているわけではない。ときには**ファクトイド**を過度に信用してしまう。ファクトイドとは、「雑誌や新聞に現れる前には存在しなかった事実」（ノーマン・メイラー。Pratkanis and Aronson, 1992, p. 71から引用）のことである。消費者の商品選択における一例がフランスで広まったあるパンフレットで、「ヴィルジュイフのパンフレット」として知られている（Kapferer, 1989参照）。出所不明のこのパンフレットは活字だけの飾り気のないもので、コピーされて回覧された。それには、コカコーラのような大量生産された飲料の多くには発ガン性物質が含まれているから避けるべきである、とあった。

そのパンフレットは、ガン研究で定評のあったヴィルジュイフの病院が発行したとされていたが、しかし当の病院はパンフレットに書かれていることを全面的に否定し、パンフレットの内容が間違っていると述べた。それにもかかわらず、パンフレットは広範囲に広まった（人口の約半数がこれを読んだか耳にしたことがあると報告していて、19パーセントがこの中に書かれている製品を買うのをやめたと言い、それ以上が買うのをやめるつもりだと述べた）。これはファクトイドによって製品がいかにダメージを受けるかを示す一例だが、もっと一般的なのは、広告主がファクトイドを作って私たちの行動を変えようとする場合である。こうしたファクトイドはしばしば、痛み止めがどうやって効くか（この過程はまだほとんどわかっていないと研究が示しているにもかかわらず）、シャンプーが髪にどう良いのかなどを説明する、科学的に装った図表が添えられたりする。

消費者の心理学

心理学と消費者の関わりの歴史の始まりとするにふさわしいのは、１９２０年に行動主義者ジョン・ワトソンが職業変更を余儀なくされたときだろう。その学問的業績にもかかわらず、ワトソンは大学にポストを得ることができず、実業界で生計を立てなければならなくなった。彼はマーケティング会社Ｊ・ウォルター・トンプソンに入り、コーヒーの販売から始めて副社長にまで出世した（Cohen, 1979 参照）。彼のマーケティングへの貢献は、心理学で発展しつつあった厳密な研究方法を導入したことだった。このときから、心理学者がしだいにマーケティングと広告の世界に関わるようになった。

消費者行動の研究から、西欧社会における広告メッセージの有効性について5つの「事実」が見出された（Pratkanis and Aronson, 1992）。

・新しい、すばやい、改良された、今の、突然、驚異の、紹介します――といったことばを含む広告がより多く製品を売る。

・スーパーマーケットの店内で目と同じ高さに置かれた製品がもっともよく売れる。

・マンガのキャラクターや歴史上の人物を使った広告よりも、赤ん坊や動物を出したりセックスアピールに関係したりする広告の方が売上げに効果的である。
・スーパーマーケットの通路の端かレジの近くにある製品は、それ以外の場所に置かれたものよりもよく売れる。
・たとえば1個で50ペンスでなく2個で1ポンドというように、品物を束にすると買い手の「お買い得」感を増すことができる。

これら5つの事実は理論からでなく消費者行動の観察からきている。なぜ消費者がこのように行動するのか明らかになっていないので、心理学はこのような行動の説明を見つけ出そうとしている。

この節では、心理学と消費者の関係の4つの特徴を見ることにしよう。

1　**ニーズを生み出す**　ある製品が欲しいとか必要だとか思わないなら、決して買わないだろう。
2　**その製品に気づく**　その製品は買うことのできる他のすべての製品よりも目立つ必要がある。
3　**その製品を買う**　ある製品に気づいて所有したいと思っていても、いつもそれを買うと決めるわけではない。
4　**購入後の行動**　その製品を買った後、繰り返して購入するかもしれないし、あるいは別の誰かに勧めるかもしれない。

ニーズを生み出す

製品を売るための出発点は、人々にそれが欲しい、さらにはそれが必要だと確信させることだろう。広告によって確信させられるまで、それが必要だとわからないことさえある。たとえばミュレンとジョンソン（Mullen and Johnson, 1990）によると、「コーヒーブレイク」を取るという考えが受け入れられたのは、おもに、１９２０年代にコーヒー小売業共同広報委員会（アメリカ）によって始められた広告キャンペーンによってだった（図３-２参照）。コーヒーブレイクは仕事の助けになり、気分を落ち着かせたり、気晴らしになったりする楽しい社交的イベントだという考えが、このキャンペーンによって作り出された。コーヒーブレイクで一息入れるのは今では誰もが認める生活の一部であり、それはつまり休憩時に何か食べ物を買って消費するということを意味する。消費によってのみ満足される社会的欲望が作り出されたのである。「休憩しよう。座ってもの思いにひたろう」というのは適切に感じられない。「正しい」休憩を取るためには、何かを消費しなければならない。

　ニーズを作り出すもっとも効果的な方法のひとつは、人間関係上の困惑感につけ込むことである。もし何かについて困惑させることができるなら、その困惑を取り除く何かを売り込むことができる。たとえば１９２０年代に、リステリン（うがい薬）のメーカーが、臭い息を意味する口臭ということばを普及させた。このときまでほとんどの人はこのことばも、それが問題だとも知らなかった。広告主は「親友だって教えてくれません」と訴えて、この問題に過度に敏感にさせたのだった。同じ線に沿って、ライフブイ石

図3-2　コーヒーブレイクを提案する最初の広告の一例

「時計が4時を回ったらコーヒー」「コーヒー，それは世界の飲み物」とある。

鹸の販売促進キャンペーンのために「BO」（body odour 体臭）ということばが発明された（Fox, 1984）。

サブリミナル知覚

何かを欲しいと思わせることが広告の明らかな作用だろうが、そのように動機づけようとするメッセージを受け手に気づかれずに与えることができるだろうか？　心理学者は、メッセージに気づかなくてもそれを記憶したり、それに反応したりすることがあることを発見した。これは**サブリミナル知覚**と呼ばれ、広告主にとっては多くの可能性が開けるが、ただしうまくいけばの話である。サブリミナル・メッセージとは、たとえばあまりに瞬間的だったりぼんやりとしすぎていて、意識に達するには弱すぎるメッセージである。当然ながらこれはかなり物議をかもしている研究領域で、この技術の有効性については結論が出ていない。

この技術を使った試みの有名な例をブリーン（Brean, 1958）が書いている。ある市場調査員が映画館のオーナーの協力を得て、通常の映画を上映中、もう一台特殊映写機を使ってサブリミナル・メッセージを映した。5秒ごとにスクリーンに「ポップコーンを食べろ」「コカコーラを飲め」ということばを、瞬間的に提示したのである。提示時間はわずか3、000分の1秒と極端に短く、普通の人間が気づく視覚時間範囲をはるかに下回っていたので、映画の観客は情報が送られたことすら気づかなかった。

映画館のオーナーと市場調査員は6週間の実験期間の間、45、000人にサブリミナル・メッセージを見せた。その間、映画館のコカコーラの売り上げは18パーセント上昇し、ポップコーンの売り上げはおよそ60パーセント上昇した。しかし、この研究の詳細は報告されておらず、映画（『ピクニック』）自体に飲食のシーンが何ヵ所かあったので、サブリミナル・メッセージの効果が本当はどれほどだったのかは不明である。2回目の実験では、「アイスクリーム」ということばが映画の休憩時間の前に、瞬間、サブリミナルに写された。アイスクリームの売り上げが上がったが、館内が寒すぎると経営者にたくさんの苦情が寄せられたとも報告されている。

サブリミナルな広告の有効性についての結論は出ていないが、ジンバルドーとライプ（Zimbardo and Leippe, 1991）は、上述のものも含めて研究結果にはかなり怪しいものがある、と述べている。けれども、アメリカでもイギリスでもサブリミナル広告が禁じられるほど、それについての懸念が高まった。ジンバルドーとライプは、サブリミナル広告についての実験室研究の証拠を再検討し、視覚的提示によって引き起こされる明白だが弱い効果がある、と結論づけた。しかしジンバルドーらはさらに、印刷物やラジオによる隠れたメッセージの効果は、ほとんどないか、まったくない、とも示唆した。サブリミナル広告に大きな効果があるようには思えないが、広告主はメッセージを受け入れさせる別の方法を使うことができるし、それも、消費者に無意識に作用する微妙なものである場合がある。広告における色や視覚イメージの使用は、スーパーマーケットでのＢＧＭの使用と同様、気分、連想、印象を喚起するよう細心の注意で選ばれている。

製品に気づかせる

広告主にとって、メッセージを記憶させることが重要なポイントである。メッセージを十分な回数耳にしたならもう忘れないだろう、というのは正しくない。繰り返しは学習の良い方策ではないことを証拠が示している。よい例がベカーリアンとバドレイによる、主婦（ベカーリアンらの使ったことば）の、ラジオ周波数の記憶に関する研究である。１９８０年にＢＢＣはすべての主要ラジオ局の周波数を変更し、ラジオ、テレビ、ポスターを使って、新しい周波数情報を伝える大々的なキャンペーンを行った。ベカーリアンとバドレイ（Bekerian and Baddeley, 1980）は研究の対象となった主婦が各自、新しい波長についておよそ1,000回は耳にした、と見積もった。しかし、書くかダイヤルにマークするかしてその周波数を思い出すよう求められたとき、彼女らの約4人にひとりしかできなかった。情報処理を伴わないただの繰り返しは、驚くほど効果がない。それゆえ広告主は、たとえば製品を日常の出来事と結びつけたり、その広告について考えさせたり、同じ広告の別バージョンを見せたりして、なんとかその情報を処理させようとする。

　テレビ広告を見るとき、別のチャンネルに「ザッピング」したり（リモコンの獲得競争に勝ったときだけだが）、ビデオを早送りして「ジッピング」したりして、広告を見ないという選択もしばしばなされる。オルネイ、ホルブルックとバトラ（Olney *et al.*, 1991）は、どのように広告に注意が払われるのか、とりわけ、受け手の態度が注意に影響を与えるかどうかを調べた。参加者たちに一連の広告を見るよう求め、「ジッピング」と「ザッピング」という点からいろいろな広告の視聴時間を記録し、参加者たちがどれだけ広告に注意を払ったかを測定した。意外ではないが、広告のユニークさが注意のレベルに大きな影響を与えたことを研究者たちは見出した。視聴者に情動を喚起する広告は高いレベルの注意を生み、たくさんの事実が詰め込まれた広告は見るのが避けられた。視聴者の注意を捉えるには、製品についての情報よりも、情動を喚起するイメージや場面のほうが効果的であることも示された。以上は、あいまいなイメージ、製品についてはほんのわずかしかふれない広告がトレンドになっている理由を説明するかもしれない。

　広告の見方と情報処理の仕方も、メッセージへの反応に影響を与えているだろう。視覚映像の右側から

図 3 - 3　左右の視野に異なったメッセージを提示する広告

の情報は大脳の左半球で処理され、視覚映像の左側からのそれは大脳の右半球で処理される、というのが視覚システムの仕組みである。いくつかの生理学的研究から、大脳の左側は言語機能に優位で、一方、右半球は空間的・映像的課題に、そしておそらくは情動にも優位であることが示されている（最後の点はより異論が多い）。ホロウィッツとケイ（Horowitz and Kaye, 1975）によれば、これは、右側に文章を置き、左側に情緒的で空間的な特徴を置く配置の広告がもっとも効果的だ、ということを意味する。図3‐3に例を示す。

古典的条件づけ

現代の広告に格別役立っている心理学の概念のひとつが、**古典的条件づけ**である。その基本的な考えは、製品と楽しい感情との連合を確立することである。その方法のひとつは、「ワアッ」という反応を引き起こす絵や写真や映像といっしょに製品を見せることである。赤ん坊はたいてい大人にこの反応をもたらすし、子犬のような小さな動物もそうである。トイレットペーパーとラブラドルレトリーバーの子犬とはほとんど関係ないが（「粗相」の後始末に使う場合を除けば）、子犬は「ワアッ」という反応を作り出し、暖かい感情をそのトイレットペーパーのブランドに連合させるよう視聴者に促す。この広告は非常に効果的なので、このトイレットペーパーのブランド名を言うことができなかったり、聞き覚えのない読者はまずいないだろう。これがうまくいくと広告主が信じていることは確かだが、この信念を支持する研究上の証拠はあるのだろうか？

この考えについての研究がステイマンとバトラ（Stayman and Batra, 1991）によって行われた。ステイマンらは情緒的な状態が製品の記憶にどのように影響するか、また製品を選択して購入するのにどのように影響するかを調べた。テレビ番組中に、参加者に「情報を与える」スタイルかあるいは「情緒的」なスタイルのどちらかの広告を見せ、その後で似たような2つの製品からひとつのブランドを選ぶよう求めた。情緒的な広告を見た参加者は、情報を与える広告を見た参加者よりもよりその製品を選んだ。

広告主は私たちの頭をパスして直接感情にアピールできることを、この研究は示唆している。製品をキュートで抱きしめたくなるような写真やエキサイティングな音楽や、ちょっと面白い映像と連合させることによって、その製品にいい感じをもたせようとするこの技術を、どれだけ多くの広告が使っているか観察してみてはどうだろう。

製品を購入させる

広告が使っている学習理論の概念がもうひとつあり、**模倣効果**と呼ばれる。これは、新製品がどれだけのスピードで消費者に受け入れられるかにかかわる概念である。うまく受け入れられたならば、その購入率は典型的に、最初はなだらかだが急激に上昇するカーブを示す。これは、最初は比較的少数の人たちが新製品を受け入れるが、彼らが本当に新製品を受け入れ、ファッショナブルだとなると、他の人たちが真似してお手本になった人たちに続くためであると説明される。

模倣効果から見ると、少数でも新製品をたやすく、そしてすぐに受け入れる機会をもつ人たちがいる、ということが非常に重要である。これがどのように売り上げに影響を及ぼすのかを示す一例が、ポストイットの販売促進における新しいやり方である（Thompson, 1984 参照）。この小さな貼り付け式付箋紙は今ではどこにでもあるが、従来のルートを通した事務用品店へのマーケティングは最初うまくいかなかった。しかしデンバー市とタルサ市（アメリカ）の販売員が無料で製品のサンプルを配布してみると、これが非常に成功した。そこで会社は、ある町でマーケットテストを行うことにし、その町のすべての事業所にサンプルを郵送した。これは無料だったので、従業員たちは自宅にも持ち帰った。その結果、事務員だけでなくその家族や友人たちもポストイットを欲しがるようになり、広範なマーケットを生み出したのだった。

いい気分

売り上げを上げるもうひとつの方法は、顧客に好ましい気分《ムード》を作り出すことで、そのための技術のひとつがＢＧＭの使用である。ＢＧＭに関するある調査（Millman, 1982）では、アメリカのあるスーパーマーケットで6週間にわたってさまざまなタイプの音楽の効果が比較された。遅いテンポの音楽のＢＧＭ、速いテンポの音楽のＢＧＭ、それに音楽なし、の条件が比較された。買い物客らは音楽のテンポに応じて異なったペースで移動することを、ミリマンは見出した。さらに、遅いテンポの音楽がかかっているとき売り上げがおよそ40パーセント上昇した。ゆっくり移動することで、買い物客はより長い時間店内で過ごし、よりたくさん買い物をしたのだった。今日では大きなスーパーマーケットで買い物をするとき、偶然に任されているものは何ひとつない。棚のデザイン、さまざまな品物の置かれている場所、店内の匂いや音楽、これらはすべて、念入りにコントロールされているのである。

スーパーマーケットはよりたくさんの品物を買わせるように設計されているが、メーカーはどのようにして、競争相手の製品ではなく自社の製品を買わせようとしているのだろうか？　私たちは連日のように広告情報の猛攻撃にさらされているが、消費者が店に入ったとき、そのメッセージを思い出すようにする方策が重要である。ひとつの策は、品物を思い出しやすくする、記憶の**検索手がかり**を使うことである。検索手がかりを活性化させる方法のひとつは、テレビコマーシャルで使われた絵を品物のパッケージにも載せることである。実験室研究でもフィールド研究でも、これは特に、広告が言っていることを思い出させるのに大変な効果があることが示された。たとえばキャンベルスープ社は、店頭販売商品（スーパーマーケットでの販売促進用の商品）がテレビコマーシャルと直接結びついていたとき、売り上げが15パーセント伸びたと報告している（Keller, 1987）。

購入後の行動

広告主にとっては、製品が一度購入されたらそれでおしまい、というわけにはいかない。繰り返して購入させることが大切だ。たとえば、食べ物なら、できるだけ頻繁に食べてもらわなければならない。１９８１年、ケロッグ社はコーンフレークの革新的なキャンペーンでそれを達成した（Elliot, 1984）。ケロッグ社は（広告会社Ｊ・ウォルター・トンプソンと共同で）できるだけたくさんの朝食のテーブルに広告を置くことにし、１００万本の牛乳ビンに広告を印刷した。ユニゲット乳業の牛乳ビンはその平均的な「最大使用回数」がおよそ28回なので、1戸につき平均して9回、３００万戸に広告がいく、と計算できた。

既存の購入者の消費を伸ばしたという点ではキャンペーンは非常に有効だったが、コーンフレークの市場占有率を上げはしなかった。つまり、キャンペーン時にそのコーンフレークを買っていなかった人たちは買いに行こうとしなかった。しかし、すでにコーンフレークを買い置きしていた人たちはもっと食べ、結果的にもっと買った。実際、ユニゲットの牛乳ビンが配達された家庭のコーンフレーク購入が17パーセント上昇した、とケロッグ社は評価した。

購入後の経験を説明するもうひとつの心理学の概念に、**認知的不協和**（Festinger, 1957 参照）がある。この理論によると、いったんある物の購入を決めたら、私たちはその製品への評価を高めることによってその決定を正当化する。そのため、スピンキイ洗濯機ではなくトウィンキイ洗濯機を買うことにしたなら、そちらのほうが良い家電製品であることを確信しようとして、この洗濯機はいいよと友人たちに話し回ってあきれられることになる。アーリッヒら（Ehrlich *et al.*, 1957）は自動車の買い手についての研究で、どの自動車広告を読んだかを調べるため広告調査をし、１２５名の男性にインタビューした。そのうち65名が最近新車を買ったばかりだった。新車のオーナーは購入したタイプの車の広告を他のタイプの車の広告よりもよく読んでいた。アーリッヒらは、新車のオーナーが概して他の人たちよりも自動車の広告をあまり読まないことも観察した。彼らの指摘によると、新車のオーナーは自分の選択を支持する情報を探し、そしてそれを否定するおそれのある情報を避けて、認知的斉合性を達成しようとしていたのである。

広告にとって重要なことのひとつは、商品の心理学を知ることである。消費者はその商品をどのように見て、なぜ買うのか？　商品を消費者に合わせることの重要性を示すおもしろい一例が、1960年代のケーキミックスの発売である。インスタントケーキミックスが初めて陳列棚に並んだとき、それほど売れなかった。ケーキミックスは家庭でのケーキ作りを簡単にするためのもので、ただ水を加えるだけでよかった。運の悪いことに、ケーキミックスを購入するのはおもに女性で、彼女たちはそうするのを好まなかった。しかし、粉に卵を加えて作るよう会社がレシピを変えたところ、売り上げが劇的に上がったのだった（Myers and Reynolds, 1967）。

ちょっと面食らうこの結果は、料理をするときには何をすべきかという期待を調べると理由がわかる。今の私たちの多くにとっては、料理をするとはすなわちビニールのふたを開けることだが、1950年代と1960年代の初めには、定期的にケーキを作ることが女性の日々の仕事の一部だと思われていて、おいしいケーキを作る能力が家事上手であることの目に見えるサインだと、多くの女性が理解していた。作るのにただ水を加えるだけのケーキ粉では、まったく調理の感覚がない。ところが、卵を割って粉に加えなければならないとなると、よほど「本物」の料理のように感じられる。これによってケーキを焼く過程に積極的に参加している、そして出来上がりの良さは自分の力のたまものでもあるという感じを得られるようになった。ケーキは買ってくるのが当たり前の現代ではそんなことはささいなことのように思えるかもしれないが、当時はおいしいケーキを作る能力が自尊心の欲求を満たすのに重要だった。そしてこのことが、女性たちの購買行動に反映していたのだった。

期待

期待も商品の受容に影響を与える。商品について私たちがいつも経験していることが、この商品はこのようなものに違いないという信念を作り上げる。たとえばシュランク（Schrank, 1977）は「パイナップルジュース・バイアス」について述べているが、これは、多くのアメリカ人がパイナップルジュースに連想する味は普通、人工的な味であるということを指している。なぜそうなのかというと、アメリカで消費されるパイナップルジュースのほとんどが缶入で、缶の金属や、香り添加剤や人工甘味料に味が影響されているからである。パイナップルの缶ジュースを飲んで半生を過ごした人が初めて絞りたてのパイナップルジュースを試すと、何か変なものが入っていると思うかもしれないのだ。同じようなことを私は、ダービーシャー州のベークウェル村ではじめて「本物」のベークウェルタルトを食べたときに経験した。この絶品のレシピはこの村の数名だけが知る秘伝なので、本物のベークウェルタルトはベークウェル村でしか作られない。しかし、味の薄い模造品がここ数年店にあふれていたので、私が初めて「本物」を食べたとき、これは「正しい」ベークウェルタルトではないと思ったのである（本書のこの部分はダービーシャー州観光局提供）。

期待があるために、本物以外は受け入れないという場合もある。本物《リアルシング》とは、コマーシャルソングにあるように、コカコーラであり、何年もの間コカコーラ社はこの飲料のレシピを執拗に守り、2つとない味だと主張してきたのだった。しかしそのレシピが、ペンダーグラスト（Pendergrast, 1993）の調査によって、コカコーラ社が提出した書類の中に発見された。ペンダーグラストがコカコーラ社に、それが公表されるとどのような影響が生じるだろうかと尋ねたところ、驚いたことに、広告担当重役はライバルを恐れていないようだった。その重役はこう言った。「私たちは煙を売っているんです。客はイメージを飲んでいるのであって、製品を飲んでいるのではないんです」。

酒飲みのタイプ

マーケットリサーチの関心事のひとつは、さまざまな商品の消費の背後にある動機を見つけることである。そうすれば、その商品を売るための良い方法を見つけることができる。その成果のひとつが、動機づけの独特な組み合わせをもつ個人のタイプを示すための類型学の発展である。類型学が作られると、それを用いて広告をより効果的なターゲットに向けることができる。たとえばエイコフとエムショフ（Ackoff and Emshoff, 1975）は、酒飲みには飲酒動機の異なる4タイプがあるとした（表3－1）。

エイコフとエムショフはこのアプローチにもとづいた研究に参加するビール好きを多数募った。全員に4タイプのうちのどれに入るかを調べるテストを受けてもらい、続いて4つのブランドのビールのコマーシャルを見せた。コマーシャルはすべて同じパターンだったが、どれかのタイプを意図して作られていた。

表3-1　酒飲みの動機づけの「タイプ」

1	大洋タイプ	もっと社交的に，外向的になるために，酒を飲もうとする。
2	耽溺タイプ	独りになり，内向的になるために酒を飲もうとする。
3	元気回復タイプ	仕事の緊張をほぐし，レジャーに取りかかり，また自分への褒美として酒を飲もうとする。
4	社交タイプ	社交上の潤滑剤として酒を使おうとする。

出典　Ackoff and Emshoff（1975）

まずコマーシャルの最初の部分で主人公を紹介し、彼の動機づけのタイプがはっきりと示される。続く二番目の部分はその俳優がビールを飲む場面で、最後の三番目の部分はその飲酒の動機づけに沿って行動が変化する。たとえば、大洋タイプの酒飲みの登場するコマーシャルでは、俳優がより外向的になった。

　コマーシャルを見た後、ビール好きたちにコマーシャルを見た4種類のビールを試飲するよう求め（それぞれの違いは名前とパッケージだけだった）、そして研究に参加した報酬としていずれかの「ブランド」1ケースを選んで持ち帰るよう言った。ビール好きたちは一貫して、自分の動機づけのタイプに一致したコマーシャルのビールを好んだと、エイコフとエムショフは報告した。ビール好きたちはまったく同じビールを飲んでいたという事実にもかかわらず、確かにブランドの違いがわかるとほとんど全員が言い、多くが、少なくともひとつのブランドは人間が飲むもんじゃないと述べたのだった！

ネーミング

商品に適切な名前を選ぶことが、成功にとって何より重要なことがある。

助言のひとつは、名前は思い浮かべやすいものでなければならず、したがって覚えやすくなければならないというものである。これはアメリカンマテックス社の経験から知られるようになったもので、その会社はさび止めの新製品を開発し、「チクソテックス」の名で売り出したが、販売はきわめて期待外れだった。議論の末、ホワイト（White, 1980）によると、その製品は「ラスティ・ジョーンズ」の名前で再販売された。その結果、１９７６年の２００万ドルの売り上げが１９８０年には1億ドルの売り上げへと、急激に上昇した。

商品名が販売に悲惨な影響を与えることもある。アメリカの会社ガーバーはベビーフードで有名だったが、大人向けのマーケットでもその成功を繰り返そうとした。ガーバー社はビーフバーガンディやメディテラニアンベジタブルのような大人向けの食材の販売を開始し、これをベビーフードに大変よく似た瓶に入れた。これもおそらく戦術的なミスだったが、その商品を「独身者《シングルズ》」と名付けたため、問題がいっそうひどくなった。後の調査で、多くの大人はひとりで食べているときでさえ、そのように分類されるのを望まないことがわかった。「友達のいないビリーの食事」と呼ぶよりはましというほどのひどさだった（Mullen and Johnson, 1990に報告されている）。

名前には一般化するという作用がある。ライズとトラウト（Ries and Trout, 1981）は、企業がある商品への意識を他の商品ファミリーと関連させることで高めようとすることがあることを述べている。これは、会社名をさまざまなアイテムにつけることで達成できる。たとえばバージン社は音楽プロダクションとして出発したが、今ではソフトドリンクや保険、ショップ、鉄道、それに航空といった、あらゆる種類の事業にそのブランド名をつけている。私たちはこうしたさまざまな商品やサービスの間に何らかの関係があるだろうと思い、バージンへの態度によってたくさん買ったり、あるいは買わなかったりする。商品の一般化には、特定の商品名をさまざまな商品に使わせるという作用がある。たとえば、住まいを掃除するときよく「フーバーはどこ?」と言ったりするが、これは「電気掃除機はどこ?」という意味である。もちろんフーバーはひとつのブランド名で、毎年買われている電気掃除機のほんの一部を示すにすぎない。けれども私たちには家を「フーバー」しようと考えることがあるし（実際にすることはめったなくても）、このことはフーバー社がその製品を売るのにいかに成功したかを示している。

　商品の成功にとってネーミングが非常に重要だと考えられているので、名前の選定を専門に行う多くの会社がある。ネーム・ラブやザ・ネーム・ワークスのような会社は、名前を選び出す数週間の仕事に高額の料金を請求する。そうした会社の仕事の一例を、エンゲルら（Engel *et al.*, 1990）が述べている。ポータブルコンピュータの販売会社を設立するにあたって、最初「ゲートウェイ」という名前にするはずだったが、ネーミング会社によるコンサルテーションの後、「コンパック」に変えた。この名前は、「コルテックス」や「コグニパック」や「サンテク」など、いくつかの提案リストの中から選ばれたものだった。「コンパック」は2つの意味を示唆する音節をもつことに気づくだろう。コンピュータとコミュニケーションである。それらがいっしょになって、「コンパクト」に似て響く。この名前の効果を推し量ることは不可能だが、この会社の最初の12カ月間の売り上げが1年目の売り上げの全米記録となったことは興味深い。

ルコゼイドの販売

ルコゼイドは１９２０年代に初めて製造されたブドウ糖入り炭酸飲料である。この飲料は高濃度のエネルギー源で、素速く血流に吸収される。消化されやすく、炭酸入りで香りがあり、また比較的甘いので、病気のときに飲みやすい。１９７４年から１９７８年にかけて、ルコゼイドの売り上げが低下の一途をたどった。販売促進のための広告戦略は、ルコゼイドが家族が病気から回復するときの助けになるユニークな液体エネルギー源だというものだった。どんな広告でも、家族に見せるための感情に訴える方法は、子どもである。その結果、この飲料の市場イメージは明確ではあったが、子ども、病気、それにときどき使う商品というように、限定されたものだった。

少し意外なことだが、病後の療養のための売り上げはたった20パーセントしかなく、また子どもはわずか30パーセントしか飲んでいないことが、マーケットリサーチによって明らかになった。この飲料のかなりの数が、健康な大人によって飲まれていたのだった。基本的にこの飲み物は子どもが病気のときに買われるが、その世帯の別のメンバーが飲んでいた。コミュニケーションのエール大モデル（前述を参照）をこの例に当てはめるなら、広告のメッセージは子どもの健康であり、広告のターゲットは両親（おもに母親）だった。

この広告戦略の問題点は、広告の意図とは別の状況で飲料が消費されているのに、そのことを広告キャンペーンが強化していないことだった。さらなる問題点は、一般に子どもは放っておいてもだんだんと健

Lucozade
Ups and Downs.
男性：元気いっぱいに取りかかったとしても…
たくさん働いた後ではスローダウンし始めます。
GLUCOSE ENERGY
さあ，腰掛けて一杯のルコゼイドを飲むときです。ルコゼイドはただリフレッシュさせるだけではありません。
体にとってもっとも自然なかたちでブドウ糖エネルギーを補給します。
ですから立ち上がってまた動き始める前に，ルコゼイドをどうぞ。
歌手：一日中いつでもルコゼイドはあなたをリフレッシュ。

図3-4　ルコゼイドのキャンペーン
出典　レオ・バーネット広告代理店

康になるものなので、ルコゼイドを買う理由は通常それほどないということだった。解決策は、この製品を病気のときの飲料ではなく、健康ドリンクとして「再ポジショニング」することだった。図3-4はこの変更を始めた最初のキャンペーンのものである。

　このキャンペーンは非常に成功したので、このときのコマーシャルソングとメッセージを今でも覚えている大人がたくさんいるほどである。当時の資料によると、前年までの売り上げの低下とは対照的に、このキャンペーンの1年目に売り上げ本数が13パーセント上昇した。またマーケットリサーチから、ルコゼイドを「最近は」買っていると言っている人の数が増えていること、購入の理由として「リフレッシュするため」を挙げる人の数が増えていること、そしてルコゼイドのテレビコマーシャルを覚えている人の数が増えていることが明らかになった。

　このキャンペーンはルコゼイドの認識を変え、病気のときの商品から健康商品になった。このキャンペーンの後ルコゼイドはそのテーマをさらに発展させ、今では高エネルギーを与えるスポーツ飲料として売り出されている。商品を社会がどう認識しているかを理解することがどれだけ重要か、そしてそうした認識に広告キャンペーンを合わせることがどれだけ重要かを、このキャンペーンは示している。

まとめ

心理学はおよそ１００年にわたって広告の効果を研究してきた。その間心理学は、人々に特定の製品を買わせる数多くの効果的な技術を確認することができた。しかし、人々に決定をさせる方法はまだ確認できていないので、広告はいまだほとんど試行錯誤と言ってよい過程である。

読書案内

Broadbent, S.（1984）*Twenty Advertising Case Histories*, London: Holt, Rinehart. 箱入りマッチや魚の冷凍食品といった製品を売るのに成功した広告キャンペーンの魅力的な解説。

Mullen, B. and Johnson, C.（1990）*The Psychology of Consumer Behaviour*, New Jersey: Lawrence Erlbaum Associates. 消費者心理学の主要なテーマを読みやすく解説しており、多くの事例が載っている。

第4章 心理学におけるバイアス

◆はじめに

「心理学におけるバイアス」のような章があるというのは興味深い。心理学のすべてになんらかのバイアスが含まれているということは私には自明だと思えるのだが、驚くべきことに、この事実がしばしば認識されていない。これはおそらく、客観的であろうとすることが心理学の科学的アプローチにおける特徴であるためだ。客観的であるとは普通、研究している主題から距離を置いて、バイアスがないということを意味すると理解されている。化学物質や微生物を研究しているのならこれが可能かもしれないが、人の行動や経験を研究するときにもこれが可能だろうか？　研究している主題が人間の行動と経験で、研究者も人間なのだから、そうした主題から距離を置くというのは不可能ではないにしても、困難である。この章では、心理学におけるバイアスのいくつかの例を見ることにする。特に文化的多様性とジェンダーの問題に注目する。まず、エスノセントリズムの概念を考えることから始めよう。

◆エスノセントリズム

心理学におけるバイアスの元のひとつは、私たちには自分自身の観点と自分に似た人たちの観点から物事を見る傾向があるという事実である。私たちは日々暮らしの中で人や出来事についての判断を求められる。またそうでないときも、他の人たちについてのさまざまな意見をもっている。判断するときには、多少の**自己中心性**を示しがちである（他人の観点を排して自分自身の観点から物事を見る）。私たちの判断に影響を与える可能性をもうひとつのバイアスが、**エスノセントリズム**である（自分の属する集団の観点から物事を見る）。

エスノセントリズムは、つぎのような行動様式として定義される。

（a）**外集団**の産物を過小評価する傾向
（b）外集団のメンバーに対する強い拒否と敵意
（c）**内集団**の産物を過大評価する傾向
（d）（同調と集団のまとまりへの圧力を伴う）内集団のメンバーへの強い好意

（LeVine and Campbel, 1972）

エスノセントリックな見地からは、私たちには自分のチームが一番と見る傾向がある。また、私たちは自分のチームのエラーや失敗を軽視し、敵チームの失敗を大げさに言う。これには多くの理由があり、証拠の得やすさもそのひとつである。日頃つきあいのある人たちや自分に似た人たちの行動や意見についてはずっとよく知っているだろう。さらに、自分に似た人たちを支持するなら、その人たちからも支持を得られるだろう。友人は自分を支えてくれ、落ち込ませたりしないと私たちは思っている。特に知らない人たちと一緒のときにはそうである。こうしたことはすべて、社会の凝集性と所属感に関係している。

エスノセントリックな態度の裏側にあるのが、自分たちに似ていない人々や自分たちの集団に属していない人々に示しがちな**偏見**である。偏見についての初期の心理学理論は、それが幼児期の経験に由来し、もっぱら少数の人々が影響を受けると指摘した。たとえばアドルノら（Adorno *et al.*, 1950）が唱えた権威主義的パーソナリティの理論によると、偏見は、幼児と両親の間で幼児期の葛藤を解決するのに失敗した結果生じる。より最近の、たとえばタジフェル（Tajfel, 1970）による偏見の説明では、所属集団のメンバーであるということが偏見のある判断や行動を生み出す。このアプローチは、こうしたエスノセントリックな先入観が社会生活上避けることのできない部分であることを示唆している。もしそうなら、私たち自身のエスノセントリックな先入観に気づき、異なる集団の人々の価値を知ることが課題となるだろう。

エスノセントリズムは心理学にどのように影響しているか？

エスノセントリズムが意味するのは、自分の集団の人たちを過度に重視するということである。スミスとボンド（Smith and Bond, 1993）は心理学の入門テキストを分析し、おもにアメリカの研究者の研究が引用されていることを見出した。バロンとバーン（Baron and Byrne, 1991）のテキストはまず標準的と言っていいアメリカの教科書だが、その中で触れられている１、７００の研究のうち、90パーセントが事実上アメリカの研究だった。あるイギリスの教科書（Hewstone *et al.*, 1988）では、引用されている研究の約66パーセントがアメリカのもので、32パーセントがヨーロッパ、そして2パーセント未満が世界の他の地域のものだった。これらの本は決して例外ではなく、心理学研究が行われている場所を反映しているのである。世界には５６、０００名の心理学研究者がいて、その約64パーセントがアメリカ人だと、ローゼンツワイクは見積もっている（Smith and Bond, 1993 から引用）。ゆえに心理学研究はおもに欧米人によって行われ、そして欧米人は自分たち自身を研究しているのである。このことは、私たちの教科書に載っている心理学とは欧米人の心理学であることを意味しているが、これらの人たちが示す行動と同じ行動が他の文化や他のライフスタイルでも期待できるかどうかは不明である。このことが意味するのは、バイアスの元となる

2つの可能性があるということである。（a）研究者はおもに自分の文化を研究している。（b）研究者にとって、他文化の人々の行動や経験を解釈することは困難である。

アメリカの心理学がエスノセントリックな理由が5つある、とマツモト（Matsumoto, 1994）は言っている。

1　アメリカの心理学はおもにアメリカ人に関心がある。
2　研究資金を提供する組織はもともと他の人々に関心がない。
3　被験者（参加者）の選択はしばしば集めやすさにもとづいていて（付章の Sears, 1986 の記述を参照）、このことは、被験者がおもに高等教育を受けている学生であることを意味している。
4　他の人々についての研究は不愉快な結果を生むことがあり、これが政治的な結果をもたらすかもしれない。
5　研究者はおもに、知的職業階級出身の白人アメリカ人である。

マツモトが言うには、このエスノセントリックな研究方法は、アメリカの大学における学生構成の変化や心理学研究スタッフの構成の変化、また心理学や社会一般のエスノセントリズムに対する意識の高まりによって、再考を余儀なくされている。

◆私たちは客観的でありうるか？

心理学にとっての問題のひとつは、それが私情のない、アカデミックで「科学的」な立場を取ろうとしていることだ。科学者は客観的なふりをしている、つまりバイアスと価値から自由であるかのように振舞っているが、そんなことは不可能だ。すでに見たように、私たちは自分自身の観点や自分の属しているさまざまな集団の観点から世界を見るのを避けられない。私自身もバイアスから逃れることはできない。なぜなら私の行動も話すことも、私が世界を解釈する仕方と、その解釈の枠組みを作るものの見方に影響されているからである。

ときに心理学者は、バランスのとれた見解を取ろうとする。その試みのもつ問題は、対立する主張の真ん中で皆が同意し、それゆえバランスが取れるに違いないと仮定していることである。極端な例をあげるなら、子どもの性的虐待にバランスの取れたアプローチを取ろうとするとしよう。私たちは、大人と子どもの性的接触に反対する人とそれを擁護する人（小児性愛者？）の中間の立場を取るべきだろうか？　明らかにナンセンスだ。したがってバランスの取れた選択とは私情のない客観性の問題ではなく、見解の問題なのだということを受け入れなければならない。

バランスも客観性も実行可能ではない。大事なことは、あなたのものの見方と、それがあなたの見解に強いる限界に気づくことである。不幸なことに、心理学は自身の見方とバイアスとに気づかないことがしばしばある。次節では続けて、心理学が研究を行う方法から生じるバイアスの3つの原因を調べることにしよう。平均人、集団間の差と集団内の差、それに見えざる人々である。

平均人

多くの心理学研究が集団間の差や条件間の差を測定するために計画される。こうした研究が個人の多様性を重要な特徴のひとつとして調べることはめったにない。「被験者」[1]全員がまったく同質の人として扱われ、「被験者変数」（個性の心理学的な言い方）は最小限にされるか、無視されるのが一般的である。このことが意味するのは、研究の結果は「大部分の人々」あるいは「平均人」がどのように振る舞うかについての言明を生み出しているだけだということだ。しかし、平均人とは誰のことで、彼や彼女は何を考え、どう感じ、何をするのだろうか？　そして大部分の人が「平均的」だと考えることは、理にかなっているのだろうか？

工学心理学者（**人間工学者**）たちは人体のさまざまな部位を測定して、機械の最適なデザインを見つけようとする。自動車のシートのデザインが良い例である。シートは大部分の人たちにとって快適である必要があり、そうすれば多くの人たちがその車に乗りたいと思うだろう。当然そのやり方は「50パーセンタイル人」、すなわち人体のさまざまな次元のすべて、あるいはほとんどすべてが平均的な人に合わせてシートをデザインすることだろう。そうした次元としては身長、座高、腕の長さ、膝下の長さ、肩幅などがある。これらの全次元で正確に平均的な人はいそうにないが、多くの人がほとんどの次元で真中3分の1

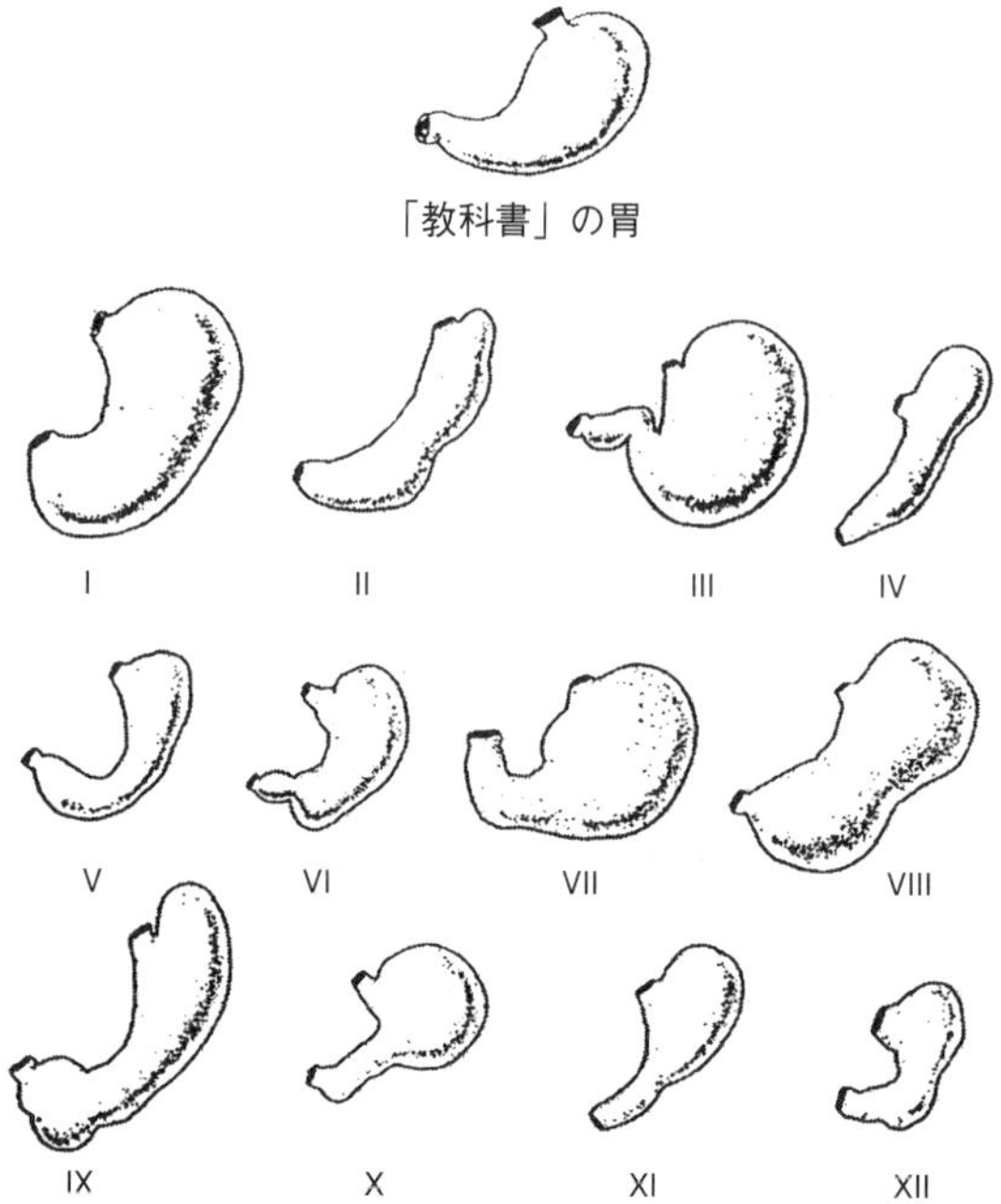

図4-1　「平均的な」胃と実際の胃

の範囲に入るだろうと予想するのは理にかなっているように見える。だが残念ながら、そうではない。ダニエルズ（Gregory and Burroughs, 1989, p.65から引用）は4、000名の飛行機搭乗員の身体の10次元だけを調べたが、それでも、全測定値で真中3分の1にいた者はひとりもいなかった。誰も平均的な身体をもっていなかったし、言い換えるなら平均人などいなかった。

　こうした個人の多様性のもうひとつの例を、上に示す胃の略図に見ることができる（図4-1）。12個の「実際の」胃の絵を教科書にある「正常な胃」の絵と比べるなら、どの胃も「正常」ではなく、多くは胃のようにすら見えないことがわかる。

もし平均的な身体などないのなら、平均的な**パーソナリティ**や平均的な行動パターンもまずあり得ないと思われる。私たちが平均について語るときは、得点を合計して測定数で割ったということである。平均点がひとりの人間の行動やパーソナリティを述べるはずもない。だから心理学の本や論文が、人々がどう行動するかについて語るとき、それは理論的な平均人のことを言っているのであって、現実には誰もそのように行動していないこともありうるのである。

集団間の差と集団内の差

平均値を見ることから生じる問題のひとつは、集団間の差について不適切な結論に達する場合があることである。たとえば、男性と女性のパフォーマンスの違いに多大の関心がもたれている。いくつかの次元について男性の平均値を得て女性のそれと比べるなら、わずかな差が見つかるかもしれない。しかし、男性同士、女性同士の間の得点の広がりは、2つの集団間の差よりはるかに大きい。子どもにおける**性差**に関しても、たとえば認知能力や社会行動の研究のレビューによると、一貫してそれらの測定上の差は非常に小さいし、差が見られた場合でもその効果は非常に小さい（たとえば、Williams, 1987 に引用されている Wooley, 1910; Maccoby and Jackline, 1974）。

ある分布の例を見てもらいたい（図4-2）。これは「ビンキネス」という架空の変数に関する男子と女子の分布の違いを示している。女子は男子よりもビンキネスの平均点が少し高いことがわかるが、分布

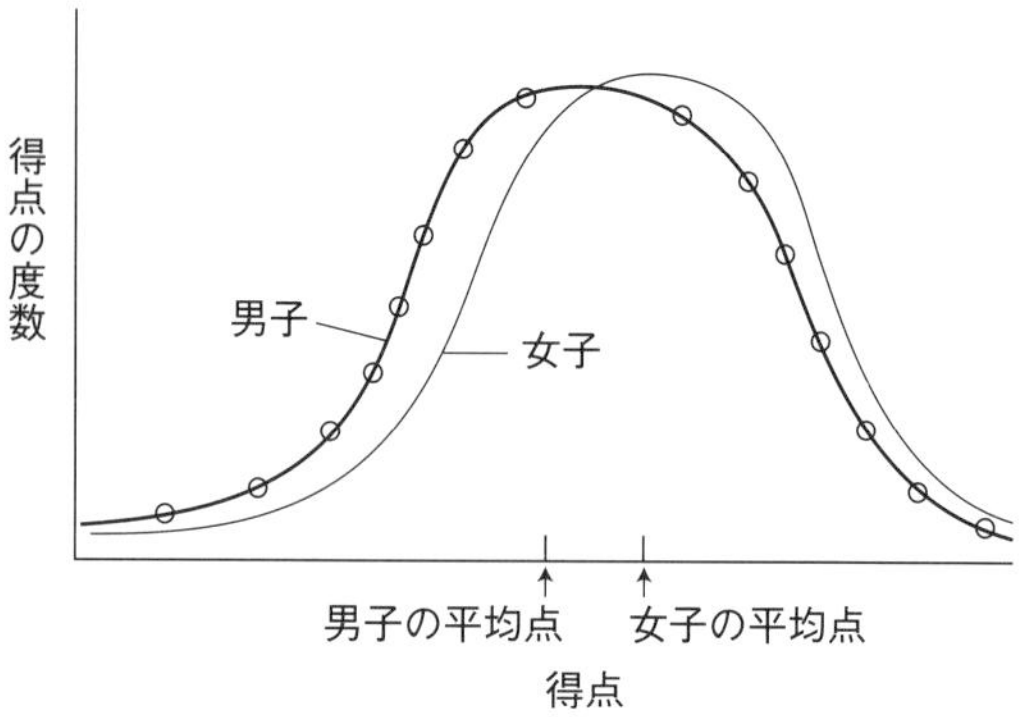

図4-2　男子・女子における「ビンキネス」の分布

が非常に重なっているので性別を知るだけで特定の個人のビンキネス得点を予測することは不可能だろう。社会行動や認知的行動の発達についての研究を分析したところ、男女による差は**母集団**の分布のわずか1~5パーセントしか説明しなかった(Deaux, 1984)。このことは、個人がどのように行動するかを予測するのに性別の情報がほとんど役立たないことを意味している。

見えざる人々

「平均人」という考えのさらなる問題は、それから排除されている集団がいることである。定義上、少数集団は平均に小さな影響しか与えない。したがってそのような人たちの集団は、行動や経験についての考察から排除される。たとえば、イギリスの多数派はおもに異性と性的関係をもっているが、少数派であるがかなりの人たちが同性との性的関係をもっている。はっきり言って「平均人」は異性愛者だが、もし平均人の行動を述べるだけなら、少数派のかなりの人たちを無視していることになる。

平均的な行動とか標準的な行動という考えには多くの仮定とバイアスが含まれている。医師は健康な人にどのような期待をしているのかを調べたブローバーマンら（Broverman *et al.*, 1971）がこの問題をよく示している。この調査では医師に、（a）健康な大人、（b）健康な男性、（c）健康な女性をもっともよく表現することばを選ぶよう求めた。それぞれの特徴が何かについては医師たちの間でかなり一致した。健康な男性の特徴は健康な大人の特徴に非常によく似ていると判断されたが、これは予想通りだろう。ところが健康な女性の特徴は健康な大人の特徴と有意に違っていた。このことから推測できることのひとつは、医師たちは「大人」について考えるとき、男性を仮定しているということだ。ことばは中立的に見えても、隠れた仮定やバイアスを伴っていることがある。

したがって、大人がいて、そしてまた女性がいる。これをさらに一歩進めるなら、私たちのことばには以下のような仮定があるということを指摘しておきたい。

・人がいて、そしてまた黒人がいる。
・人がいて、そしてまたゲイとレズビアンがいる。
・人がいて、そしてまた障害をもつ人がいる。

もっと続けることができるが、くどくど述べたくない。つまり、「人」のような明らかに中立的なことばも、実際にはたくさんの仮定を含んでいることに気づく必要があるのだ。

人ということばを使うとき、私たちは「すべての人」ではなく、たんなる「平均人」のことを言っている。これが意味するのは、心理学の教科書では多くの人たちが見えないということだ。実際のところ、彼／彼女らが不在であることに私たちは気づいてさえいない。こうした人たちの経験が「平均人」の経験と同じなら問題にならないだろうが、残念なことにそうではない。心理学にとって問題なのは、もし見えざる人々を含むなら、研究結果と理論構造がずいぶん違ったものになるかもしれないことだ。この点については本章の後半で、オリジナルとは別の国で行われた有名な研究の追試を考えるときにまた触れることにしよう。

まとめ

以上述べてきたことを手短かに言えば、

- 平均人というものは存在しない。行動や経験の平均について言うことは、個人間の違いを覆い隠す。
- 集団間にあると認識されている差は、平均値の差にもとづいている。これらの差はしばしば、集団内の個人間の差よりも大変小さい。
- 「被験者変数」を小さくして平均的なパフォーマンスを見ることによって、心理学の中で見えなくされている集団がある。

◆心理学における人種差別

心理学はエスノセントリズムと見なすことのできる無意識的なバイアスをもっているが、人種差別と呼ぶことのできる研究例もある。つぎの節では、暗黙の人種差別、科学的人種差別、それに偏見の研究について見ることにしよう。

暗黙の人種差別

多くの対立を呼ぶ論争のひとつは、言論の自由という考えである。この考えはときに、誰にも発言権が認められるのは重要なことだから、不快な好ましくないことであっても誰にも公表することが認められるべきだと主張する。この主張はときに、アカデミックな心理学研究を含むさまざまな場で、人種差別的な内容の公表を支持するのに使われる。考えるに値する問題は、言論の自由という考えがたくさんの他のバイアスや仮定を含んでいないかということだ。

マックロー（MaCullough, 1988）の研究は、言論の自由という概念に挑戦したものだ。この研究では、学生たちに2つの部分だけからなるブックレットが与えられた。ひとつの部分には、大人と子どものセックスの合法化を唱える「性の自由党」についての情報が書かれていた。もうひとつの部分にはナショナルフロント（はっきりと人種差別を主張している政治組織）についての主張があった。それぞれの組織についての情報を読んだ後、被験者に、政府はその組織を禁止すべきであるという意見への賛否を尋ねた。2つの組織についての記述は、黒人と子ども、人種差別と性的虐待、人種差別者と小児愛者といった数語が入れ替わっている以外は、同じだった。

この実験は、一般に人種差別的主張に白人が鈍感なのは言論の自由についての自由論的な考えからではなく、**暗黙の人種差別**のためだという仮説を検証するために計画されたのだった。学生たちはナショナルフロントよりも性の自由党の方を禁止しようとしたので、暗黙の人種差別の考えは証拠により支持された。この仮説は論文のタイトル「私たちは隠れた人種差別者か?」を選んだ雑誌『ザ・サイコロジスト』の編集者によっても支持された。このタイトルの「私たち」とは誰のことだろう? 編集者は明らかに、読者（私たち）は皆白人だと仮定していた。このタイトルは著者ではなく、『ザ・サイコロジスト』の編集者が提案したものだった。

科学的人種差別

暗黙の人種差別のさらなる例は、『ザ・サイコロジスト』がラシュトン（Rushton, 1990）の論文掲載を決定したことである。この論文でラシュトンは「人種差」についての現代的な理論を提案したが、それは進化論的な説明を前面に押し出すものだった。このアプローチには多くの科学的、政治的な異論がある。まず、人種とは何かを定義できてはじめて、人種差について調査し、適切な研究を実行できる。ジョーンズ（Jones, 1991）が指摘するように、つぎのような多くの問題がある。

・人種を定義することの困難さ。
・社会移動の歴史。これは、多くの人が世界中のさまざまな地域から来た先祖をもっていることを意味する。
・人種内の多様性は、人種間の多様性よりもはるかに大きい（上述を参照）。
・比較研究が行われるとき、これまでのところ異なった人種から対応するサンプルを得ることができていない。

人種間には生物学的な違いがあるという考えには、控えめに言っても異論の余地がある。人種をうまく定義できる唯一の方法は、地理的あるいは政治的なものである。この場合、人々を生物学的な基準によってではなく社会的な基準によって定義しているのであり、人々の間にある差はほとんどが収入や機会のような社会的な違いに帰せられるだろう。（人々が認知する人種の差の問題は、心理測定についての第5章でも手短に考察する。）

人種差について書くことに伴う明らかな理論的、実践的、政治的問題にもかかわらず、学問的に浅薄ではっきりと人種差別的な考えを提案しているラシュトン（1990）の論文の掲載を、イギリス心理学会の主要誌が選択した。この論文がどんなものか雰囲気だけでも示すために、「要約表」の一部を載せよう（表4-1参照）。非常に不快なものなのでこのようなものを載せるのには懸念もあったが、まったくばかげ

表4-1　ラシュトン論文の「要約表」の奇妙な部分

	黄色人種 Mongoloids	白色人種 Caucasoids	黒色人種 Negroids
「余剰神経」	8.90m	8.65m	8.55m
初歩年齢	遅い	中間	早い
初回性交年齢	遅い	中間	早い
初回妊娠年齢	遅い	中間	早い
寿命	長い	中間	短い
攻撃性	低い	中間	高い
社会性	低い	中間	高い
順法性	高い	中間	低い
精神衛生	高い	中間	低い

出典：Rushton（1990）

たものと受け取ってくださることを期待する。オリジナルの要約表の項目にいっさい手を加えていない。

まず指摘すべきこの論文の大きな問題は、世界の人々を3つの人種に分けていることである。これを正しいとする理由は、まったくないとは言わずともほとんどない。さらに表を見ると、非常に漠然とした用語で違いが表現されていることがわかる。寿命は「黄色人種」でもっとも高く評価され、「黒色人種」でもっとも低く評価されている。これのもっとも適当と思われる説明は、20世紀のほとんどにわたってアフリカを苦しめてきた飢餓である。表の別の項目では初回性交年齢が「黄色人種」では「遅い」としている。これは2つの理由で、表に含めるのは奇妙に思える。まず第一に、要領を得ないし（「初回性交年齢が遅い」とは何を意味するのか？）、第二に無意味な情報のように思える。しかし、この研究の背後に隠れている理論上の考え、すなわち**ネオテニー**のために、表に載せられているのだ。

ネオテニーとは、進化が人類に与えた幼児期の延長のことである。ほとんどの動物は脳が完全に形成されるか、ほとんど形成されてから誕生する。チンパンジーの脳は生後の発達がもっとも長いが、それでも9ヵ月後には停止する。ところが人間の脳は、約20歳になるまで成長し続ける。このことが、人間に適応力を与えているのである。ラシュトンの主張は、他の人種よりも長い幼児期をもつ人種がいて、それゆえその人種はさらに進化している、ということなのだ。ある人種が他の人種より生物学的に優れていると主張する試みは新しいものではない。最初にダーウィンがこの線に沿って示唆して以来、ある集団を他の集団が搾取するのを正当化する科学的な理由が探されてきた。このような科学的な主張は吟味に耐えられないものだが、こうした考えが広がるのは止まらなかった。

ラシュトンの主張は、ニセ科学の議論を使って人種差別的な政策を正当化する試み、と私たちが定義する**科学的人種差別**の一例である。これはラシュトンに特有のものでも、それどころか心理学に特有のものでもない。この話でもっとも注目すべきなのは、ニセ科学に結びつけて人種差別的見解を出す人がいるということではなく、一流の雑誌がその掲載を選択したことである。

偏見の研究

偏見はとりわけ社会心理学者の興味を引いてきたテーマである。たくさんの教科書にそれについての議論が載っているが、その中のいくつかは、もっともよく知られている心理学研究と理論に数えられる。重要な研究の中には、権威主義的パーソナリティについてのアドルノら（Adorno *et al.*, 1950）の研究、偏見の葛藤理論についてのシェリフ（Sherif, 1956）の研究、最小条件集団についてのタジフェル（Tajfel, 1970）の研究がある。これらの研究のすべてに共通するひとつの特徴は、偏見をもつ人を調べ、その行動を説明しようとしたことである。それも明らかに大変興味深いが、そこには失われた声があった。すなわち、偏見の犠牲者の声である。偏見のあるところ、必ず偏見をもって振る舞う人と偏見の対象となる人がいる。これは、おもに人種差別者（アメリカとイギリスにおいては支配的な白人）を調べて人種差別の犠牲者を無視するという、心理学のもつ暗黙の人種差別のさらなる例である。

◆女性と科学

以上に見てきたように、人種差別的な多くの考えを正当化するために科学が使われてきたが、それは**性差別**的な多くの考えを正当化するためにも使われてきた。19世紀の科学では、女性は男性より劣っているという考えが支配的だった。たとえばダーウィンはつぎのように書いた。

> 2つの性の知力における主要な相違は、男性がより高い地位を得ていることによって示されている。女性がつくことのできる地位よりも高い地位に男性はついている――深い思考、理性、あるいは想像力を要するものであれ、あるいはたんに感覚と手先の使用を要するものであれ。
>
> （ダーウィン、Shields, 1978, p.752から引用）

この時期の「発見」のひとつが、人間の脳の相対的な大きさを研究した先駆的な生理心理学者、ブローカの研究からもたらされた。平均して女性は男性よりも小さな脳をもつ。そしてこのことは、女性が男性よりも知的に劣ることを意味する、と彼は結論づけた。しかしグールド（Gould, 1978）が指摘したように、その平均値は身長（背の高い人は大きな脳をもつ）あるいは年齢（年長者は脳サイズが縮小している可能性がある）を考慮して調整されていなかった。ブローカが調べた人体標本における女性は男性より背が低く、年長だった。この要因が、ブローカが研究した脳の平均的な大きさの違いを説明しているのである。

20世紀初頭に広く浸透し、今もなおときおりその小さな鎌首をもたげるひとつの主張が、**多様性仮説**である。簡単に言えば、これは、多くの心理的測定値で男性の得点範囲の方が女性よりも広いということである。これは、たとえば、非常に愚かな女性よりも多くの非常に愚かな男性に会うだろうと予想される一方、非常に利口な女性よりも多くの非常に利口な男性に会うだろうとも予想される、ということを意味している。金曜の夜にホイットリーベイ[訳注1]を歩いている人は前者の証拠を見るだろうが、後者を支持する証拠は非常に少ない。多様性仮説の背後にあるのは、権力のある地位についている男性の割合が高いのは才能のある男性が才能のある女性よりも多くいるからであり、男性たちがその地位についているのは社会的な変数のためではなく、より高い能力が認められたためである、という考えである。多様性仮説には確たる反論が可能だが、シールズ（Shields, 1978）が論じるように、広く受け入れられた科学的主張がその時代その文化の社会的信念に従ったものであるということがしばしばある。

心理学における性差別

女性が心理学において認められるのは並大抵ではなかった。心理学の内容はほとんどが男性の行動と経験に関わるものだったし、アカデミックな心理学は、女性研究者を成長させ受け入れるのに多くの障壁を作ってきた。

心理学について書かれた歴史の中に女性心理学者が卓越した人物として顔を出すことはない（Furumoto and Scaborough, 1992）。このことは、女性がこの学問の発展に大きく貢献したという事実に反している。１９０６年にキャッテルが『アメリカン・メン・オブ・サイエンス』（なんとも危なっかしいタイトルではないか）の第1版を出版したが、それには4、０００名が記載されていた。心理学はまだ若い学問だったにもかかわらず、そのリストには１８６名の心理学者が含まれ、うち22名が女性だった。20世紀初頭にいたっても、おもなアメリカの大学ではほとんどが女性に心理学の学士号を認めていなかっただけに、この偉業は注目に値する。フルモトとスカボロー（Furumoto and Scarborough, 1992）はこれらの女性たちの経歴を男性の同僚たちと比べ、彼女らは職業上の同じ地位に達しにくかったこと、地位についた場合は彼女ら全員が未婚であったことを見出した。フルモトらは続けて、女性心理学者たちの経験に影響を及ぼした**ジェンダー**特有の多くの要因には、（a）女性であるために一定の地位から排除されること、（b）男性には期待されない家族の他のメンバーへの責任を有すること、（c）結婚生活とキャリアを伸ばすこととのジレンマが含まれると指摘している。

心理学は女性をどう扱っているか

心理学の内容には女性への見下しが染み渡っている。有名な男性心理学者による以下の引用を読むなら、大方様子がわかるだろう。

> 女性は良き科学者や技術者になろうとするときでも、なによりも男性にとっての女性らしい仲間であり母親でありたいのだということに気づくことから、私たちは始めなければならない。
>
> （Bruno Bettelheim, 1965, Weinstein, 1992, p.61 から引用）

> 若い女性のアイデンティティの多くは彼女のもつ魅力の中、および彼女が求められたいと望む男（たち）を求める選択の中に、すでに規定されている……。
>
> （Erik Erikson, 1964, Weinstein, 1992, p.62 から引用）

> そしてあなた方はこの問題について悩むことから逃れられないであろう——あなた方男性には。女性にはこれは当てはまらない——女性はそれ自身が問題なのだ。
>
> （Sigmund Freud, 1973, p.146. この講義録が最初に出版されたのは１９３３年である。）

これらの引用は女性についてのきわめて男性的な見方を示している。このような見解をもっている男性はたくさんいるが、重要なのは、行動と経験についての個人的な見方と科学的な記述とを区別することである。右の引用を有害なものにしているのは、酒場での偏見に満ちたヨタ話以上のものに見せかけていることだ。もっと有害なのは、精神科医アンソニー・ストーのつぎのことばである。

> 絶望的な犠牲者に襲いかかり性欲の思いを果たす粗暴な男に捕らえられて奪われるという考えは、女性には普遍的に訴えるものがある。
>
> （Storr, 1968, p.91）

女性は荒々しい男性からレイプされたがっているという考えは男性には普遍的に訴えるものがあるかもしれないが、女性にはそうでないことは確かだ。このように、心理学によって男性の暴力が正当化されるのは恐ろしいことである。

上述の引用は、数多い同様の記述からいくつか選んだにすぎない。女性は心理学によって概して問題として、あるいは子どもや男性の養育者として扱われてきた。公平を期して言うなら、現在心理学においては女性の声が以前よりも大きくなっている。だが、心理学的な証拠として用いられている知識の大部分はいまだにジェンダー・バイアスの観点からの分析が必要である。

どれほど多くの心理学の古典的な研究が男性被験者にもとづいて行われたかは言及に値する。たとえば偏見についてもっとも引用される研究である、葛藤に関するシェリフ（Sherif, 1956）の研究、それにタジフェル（Tajfel, 1970）の最小条件集団研究は、どちらも男子を被験者として行われた。キッツィンガー（Kitzinger, 1998）はまた、生涯にわたるアイデンティティについてのエリクソンのモデルが、男性へのインタビューにもとづいていること、そして**道徳性の発達**についてのコールバーグの理論が、男性への一連の研究とインタビューにもとづいていることを指摘している。

フェミニスト心理学

フェミニスト心理学は、２つの基本的な仮定から始まる（Kitzinger, 1998）。

・女性は価値ある人間であり、それ自体が研究に値する。
・女性たちの状況を改善するために、社会の変化が必要である。

第一の点は人間の尊厳についての基本的な言明であり、多くの人がためらいなくこれを受け入れるだろう（少なくとも口先だけでも同意するだろう）。第二の点は心理学を社会変化の担い手として位置づけるもので、異論の余地がある。心理学は関わりをもったり活動したりするべきでなく、客観的で超然としているべきだという科学的な考えに、これは反している。しかし本書の別のところで述べたように、心理学は戦争やプロパガンダを推進するのに積極的だったのだから、政治や社会を変化させるための論争の外にいるべきだとの主張は妥当ではない。

過去に女性を排除してきた心理学は男性の生き方を構成する男性性に特有の特徴もまた見逃してきたから、男性についての理解も不十分だった（Kitzinger, 1998）。そのため、男性および男らしさ《マスキュリニティ》もまた、フェミニスト心理学の重要なトピックである。そのほかのトピックとしては、偽記憶症候群と幼児の性的虐待、食欲不振症と摂食障害、レイプ、月経と性交渉などがある。心理学におけるフェミニズム的観点は、ジェンダー・バイアスへの異議申し立てを超えて心理学に新次元を加えたと、キッツィンガー（1998）は主張する。この新次元は、普通の人々の生活や人間関係を問い、また私たちがどのように、人間の広範な活動に貢献できるかを問う。

キャロル・タヴリスのような心理学者はいくつかの心理学的知見を調べ直し、異なった解釈をしている。たとえばタヴリス（Tavris, 1991）は、性差の研究からつぎのような結論が引き出されてきた、と指摘する。

・女性は男性よりも自尊心が低い。
・同じ仕事をしているときでも、女性は男性よりも努力に価値を置かない。
・女性は怒りを認めるよりも、傷ついたと言いがちである。
・女性は男性よりも分離した自己の感覚を発達させにくい。

これらの知見はみな女性のものとされている問題を強調する表現である、とタヴリスは指摘する。しかし、同じ知見を別の言い方で、男性の問題を強調するように述べることもできる。つぎを見て上のリストと比べ、どちらがより良い表現か考えてもらいたい。

・男性は女性よりもうぬぼれている。
・男性は自分がしている仕事を過大評価する。
・男性は不幸なとき、傷ついていると言ったり同情や支持を求めたりするよりも、他人を責めたり攻撃したりする。
・男性は女性よりも愛着を形成・維持させにくい。

一方の言い方が正しくもう一方が間違っているというわけではなく、どちらもある程度のバイアスと解釈を含んでいる。タヴリスが示唆したのは、このバイアスによって通常、男性のものとされている問題ではなく、女性のものとされている問題があげつらわれる、ということである。

◆まだある心理学におけるバイアスの例

つぎの節では、心理学におけるバイアスの例をいくつか見る。これは包括的なリストではないが、いろいろなバイアスがあるということを心得ていただいて、心理学書を読むときにその背後のバイアスに目を向ける一助としたい。心理学におけるバイアスについての議論のいくつかは、本書の「はじめに」と、心理測定についての第5章にもある。

異文化間研究

心理学にはさまざまな文化の人々を調べるという伝統がある。こうした研究はしばしば**異文化間研究**と呼ばれる。それは私たちの文化を調べるだけでは得られない、人間の行動と経験についての広範な理解を与えてくれるのだが、特に教科書に載っている形のこのアプローチには問題がある。私たちの文化以外の人々が、ひどくエキゾチックに示されることがある。変なことをする変な国の変な人たち、というように。彼らはしばしば西洋的な規範にもとづく概念と比較して説明される。その一例が教科書によく引用されるターンブル（Turnbull, 1961）による知覚の研究で、調査対象者たちはピグミーと呼ばれ、原始的で迷信深いとされている。

考慮すべき問題のひとつは、人々とその行動を記述するのに私たちが使うことばである。誰それがある集団に属しているとか、あるいはある文化に、ある国に、ある部族に属していると言うが、これらの用語はたくさんの仮定を伴っている。ヨークシャー州の人をある部族に属していると述べる状況は想像しにくいが、アフリカの人には使うかも知れない。このような用語の選択的な使用は、特定集団への私たちのエスノセントリックな態度を示している。ホウィット（Howitt, 1990）は、アトキンソンら（Atkinson *et al.*, 1990）の入門書の例を示している（強調はホウィットによる）。

> ある社会で正常とされている行動が別の社会では異常とされることがある。たとえば、アフリカのある**トライブ（部族）**は、実際には誰も話していないときに声が聞こえることや、実際には何もないときに何かが見えることを普通でないとは考えないが、しかし多くの社会では、そのような行動は異常と考えられている。
>
> （Atkinson *et al.*, 1990, p.592）

つまりアトキンソンらによると、アフリカ人は部族の中に住み、別の人たちは社会の中に住んでいる。他には、誰が部族の中に住んでいるのだろうか？

> 他のチンパンジーでは１９７０年代になわばり争いが観察され、およそ15匹からなるチンパンジーの**トライブ（群れ）**が隣の小さな集団を、一度に一匹ずつオスを殺して全滅させた。
>
> （Atkinson *et al.*, 1990, p.427）

動物の行動を記述するのに「トライブ」を使うのなら、それは私たちがその行動を「文化」の中に見る行動よりも洗練されていない行動と見ていることを示唆している。この本がアフリカ人のことを述べるのに何気なくこのことばを使ったという事実は、そうした人々への否定的な態度があることを意味している。

異文化間研究へのこのような横柄なアプローチは姿を消しつつあり、以前よりも広い視野から心理学的問題を扱う、多くの有用な教科書が今ではあることは指摘しておきたい。スミスとボンド（Smith and

Bond, 1993）、アジボ（Azibo, 1996）、マツモト（Matsumoto, 1994）、それにモガダムら（Moghaddam *et al.*, 1993）などがそうである。

道徳性の発達

道徳性の発達研究の分野でもっとも影響力をもったもののひとつが、コールバーグの研究である。彼は、それぞれが2つの段階に分かれる3つの道徳性のレベルを取り出し、これらの段階が認知発達に対応すると述べた（Kohlberg, 1968）。コールバーグによると、第一レベル（前慣習レベル）では子どもは良い行動と悪い行動についての他人の判断に反応する。第二レベル（慣習的レベル）では子どもはその社会のルールを内面化し、善悪を社会の承認と権威の尊重の観点から判断する。もっとも発達した第三レベル（脱慣習レベル）では、子どもは多くの抽象的な倫理的価値観を発達させ、状況と出来事を判断するのに使う。

このアプローチには大きく2つの批判があり、エスノセントリックなバイアスが含まれていることが指摘されている。

（a）キャロル・ギリガン（たとえば、Gilligan and Attanucci, 1988 参照）は、コールバーグの理論では女性的な価値観よりも男性的な価値観に高い地位が与えられていると指摘した。価値観とは個人的で抽象的で、人々への影響とは無関係なものでありうるという考えは男性的な見解だ。男性は合理的な原理と公平さによって導かれる正義という抽象的な概念に関心がある、と彼女は指摘した。

他方で女性は、物事を具体的に社会的な観点から見て、思いやり、世話、人間関係、それに家族や友人や仲間などへの特別な責任といったものを考慮に入れる。したがって彼女は、女性の道徳性の発達は男性のそれとは質的に異なると主張したのだった。

コールバーグ理論の異文化間的な側面についての彼自身の研究（1968）によると、彼の尺度では、アメリカ人は他のいずれの国民よりも道徳的に進んでいた。そうした研究によると、たとえば平均的な16歳のトルコ人は平均的な10歳のアメリカ人と道徳的な理解が同じだった。この相違を説明するのにもっとも事実に近いと思われるのは、アメリカ人はトルコ人より道徳的に優れている、というのではなく、（a）彼の道徳性発達の理論はアメリカ人にだけ当てはまるか、（b）彼の道徳性発達を調べる検査はすべての文化に適用できるわけではない、である。

自己という概念

西洋文化、および西洋の心理学は、人というものは完全に独り立ちした別々の個人である、という考えをもっている。心理学は**自己概念**について述べるが、それは人を他の誰とも独立した個人としてとらえる考え方を意味している。すべての文化がこうした自己の哲学を抱いているわけではない。このアプローチに対する強力な批判のひとつが、ノーブルズ（Nobles, 1976）によってなされた。ノーブルズは欧米の科学における2つの重要な主題を取り上げた。

（a）最適者の生存

（b）自然のコントロール

世界についての私たちの説明はいまだにダーウィンの自然選択の考えに影響されていて、技術の多くは私たちの住んでいる環境を克服することを目的にしている。普通これは環境をコンクリートで覆うことを意味する。こうした主題は、競争と個人の権利と独立と分離を欧米的な科学が強調することに反映されている、とノーブルズは言う。心理学においては、このことは個人と独自性と個人差の強調をもたらした。

これとは対照的に、ノーブルズによると、アフリカ的な世界観の主題はつぎのとおりである。

（a）人々の生存

（b）自然との一体性

西洋的な価値観との対比はこれ以上ないほどに大きい。集団は個人よりも重要で、環境は変えるべきものではなく適応すべきものとしてそこにある。これらの主題は、協力と相互依存と集団責任というアフリカ的な価値観に反映されている。当然心理学の強調点も、共有性と集団性と類似性に置かれるだろう。２つのアプローチの違いを図４‐３にまとめてある。

アフリカの伝統的な自己の概念を理解するとき、「私がいるのは私たちがいるからである。私たちがい

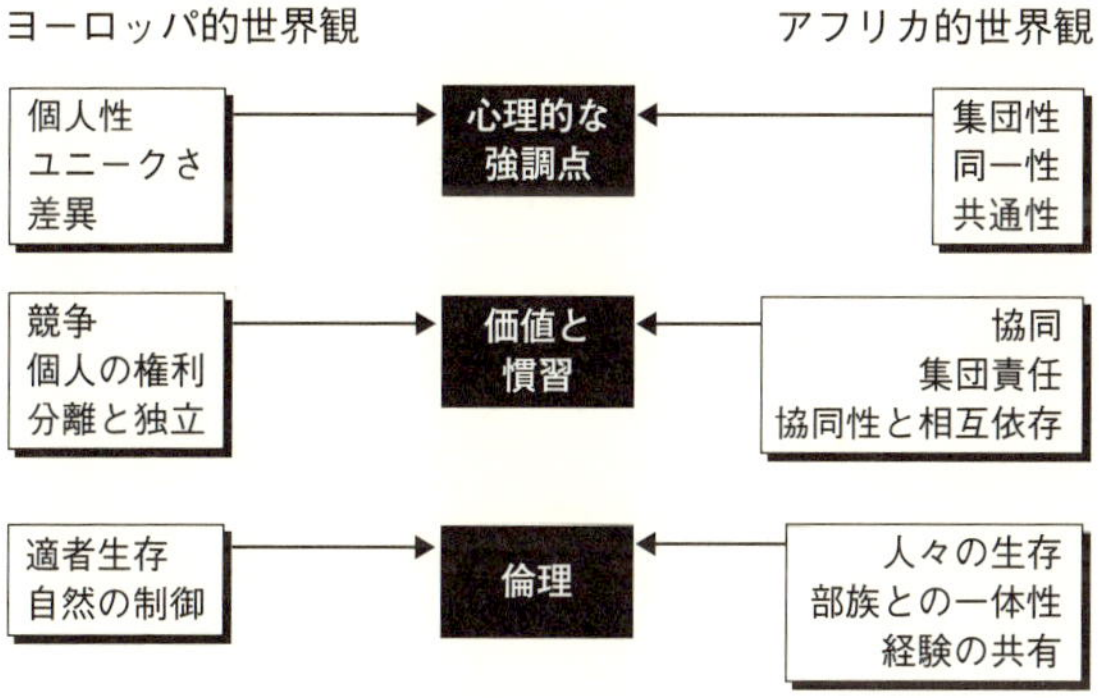

図 4-3　アフリカ的世界観とヨーロッパ的世界観
出典：Nobles（1976, p.20）

るから私がいる」という信念を考慮しなければならない、とノーブルズは主張した。個人の自己定義は人々の定義に依存している。したがって自己概念についての西洋的な考えを使ってすべての人たちを説明しようとするなら、欧米以外の文化の多くの人たちがもつ社会的なつながりと理解の仕方を把握しそこなうだろう。

◆心理学と文化

文化差の研究は本書の扱う範囲を越えるが、ここでこの種の研究について簡単に述べて、それが人間の行動と経験を深く理解する助けとなることを示すことはできる。欧米以外の国々で研究している心理学者たちは、欧米の心理学の方法と理論は彼らにとってもっとも重要な問題に取り組んでいないことに気づいた。そうした国々の社会心理学者は、起こっている事柄（現状）を記述し分析することには興味を失ってきていて、良い社会変革を起こそうとする試みに関心をもちつつある、とスミスとボンド（Smith and Bond, 1993）は述べている。興味深いことに、これは上述したフェミニスト心理学のアプローチと軌を一にしている。

欧米の心理学の価値観について考えるとき、有名な研究が他の国々で追試された結果がどのようなものだったのかは、目を向けるに値する。本章の最後の節では社会的手抜きと同調性、それに服従についての社会心理学を簡単に検討することにしよう。これらの追試についてもっと詳しく知りたい方は、スミスとボンド（1993）を参照されたい。

社会的手抜き

社会的手抜きとは、数人で同じ課題をしているときにそれぞれが最大限の努力をしなくていいと思うことがあるという状況を指している。換言すれば、集団活動において人は自分の役割を十分には果たさない。たとえばラタネら（Latané *et al.*, 1979）は、さまざまな大きさの集団の中ではひとりのときと比べてどれだけ声を張り上げたり拍手をしたりするかを調べ、集団の中では平均的な産出量が低いことを見出した。これはさまざまな活動についてあてはまる知見だが、その活動が重要なものであるときや個々人が集団内の他のメンバーから見られていると感じているときは、社会的手抜きが弱まることも見出されている。

しかし、社会的手抜きは普遍的な行動パターンではなく、異なった文化では逆のことが起こりうることがわかった。たとえばアーリー（Earley, 1989）は中国人マネージャーとアメリカ人マネージャーのデスクワークへの取り組み方を比較した。彼らにたくさんの課題をするよう求め、1時間のうちにどれだけ完成させるかの明確な目標を与えた。彼らのうちの一部はひとりで仕事をして20課題を完成するよう言われ、他は10人の集団で仕事をするように言われて集団で２００課題を完成することが期待された。マネージャー全員が集団内での自分の役割を十分に果たすなら、集団でもひとりあたり20課題を完成させるだろうことは明白である。実験結果によると、集団内では、アメリカ人が完成させたのは20課題より少なく（社会的手抜きのサイン）、他方、中国人は20より多くの課題を完成させた。集団の一員であること、それに社会的責任というものが、中国とアメリカでは異なった価値をもっているようだ。

同調性

同調性の議論で真っ先に思い浮かぶのは、アッシュ（Asch, 1955）の研究である。集団に見られている場面で簡単な知覚判断を求めると、集団の全員が一様に自分とは異なる判断をした場合、約3分の1が多数の判断に従うことが示された。少なくとも、これが通常の紹介のされ方である。別の説明の仕方で、約3分の2の人たちが多数派に抵抗し、自立性を示す、とも言えるだろう。アメリカの心理学がこの研究を自立性の一例ではなく同調性の一例と見るのを選んだということは、興味深い。

アッシュの実験はアメリカで、それからブラジルや香港、ジンバブエ、フィジーといった他の多くの国々で、たくさんの追試が行われた。スミスとボンド（1993）はこうした30の研究のデータを示し、「集団主義」の国と「個人主義」の国の結果を比較した。彼らの言う「集団主義」とは、集団による活動と達成を個人による活動と達成よりも高く評価する文化である。どちらの用語も大変に広い意味内容をもつことは明白だし、ひとつの文化の中にも多様性があるだろうが、この概括的な区別を受け入れるなら、2種類の文化間には結果に違いがあると見ることが可能である。個人主義の国々（おもにアメリカとヨーロッパ）で行われた18の研究は、39パーセントから最低で14パーセントの範囲の同調性を示した。他方、集団主義の国々で行われた12の研究は、25パーセントから最高で58パーセントの範囲の同調性を示した。集団の一員であることに置く価値という観点からこの違いを説明できる、という解釈が示唆できるかもしれない。集団の一員であることが重要なら、その集団の判断をより受け入れやすいだろう。

服従

普通の人が別の人に、致命的となりうる電気ショックを加えることを含む訓練プログラムを実行するよう求めたミルグラム（Milgram, 1963）の研究は、社会心理学においておそらくもっとも有名で、もっとも挑発的な研究である。多くの国々でこの種の研究が行われ、さまざまな結果が得られた。スミスとボンド（1993）はそうした研究のうち12例を再検討し、92パーセントの服従からわずか12パーセントまで、かなりの文化的多様性を見出した。スミスとボンドは、再検討の結果2つの結論を引き出した。ひとつは、さまざまな国の相当数の人々が権威ある人物からの教示にもとづいて他の人を傷つけるのを辞さないということ、もうひとつは、服従のレベルはかなり異なり、この違いは研究が行われる社会的背景と権威ある人物が与える命令の意味に依存すること、である。第二の点が示唆するのは、しばしば言われているように私たちは権威に盲目的に服従しているわけではなく、命令を受ける社会的・物理的背景に反応しているということである。

◆ まとめ

上述の例は、心理学（ここでは欧米の心理学を意味している）の知見を見直すこと、そして、そうした知見が他の文化でも再現できるかどうかを調べることが、どれだけ重要かを示している。このアプローチがもたらす利点はつぎのとおりである。

（a）欧米人に適用されている概念のより良い理解

（b）他の人々の経験と行動の正しい理解

読書案内

Matsumoto, D（1994）*People: Psychology from a Cultural Perspective*, California: Brooks/Cole. 心理学の多くの重要な領域を扱っていて、また文化的多様性をめぐる問題を検討している入門書。

Moghaddam, F.M., Taylor, D.M. and Wright, S.C.（1993）*Social Psychology in Cross-Cultural Perspective*, New York: W.H. Freeman. 心理学の多くの重要な領域を扱っていて、また文化的多様性をめぐる問題を検討して

いる入門書。

Williams, J.H.（1987）*Psychology of Women*, 3rd edn, New York: Norton. このテーマを多くの心理学書は、良くて中立的に、通常は男性の視点で扱っている。この本は偏った議論をいくらか補ってくれる。

原注1　心理学研究で調査される人を表現するのに「被験者（subject）」と「参加者（participant）」のどちらを使うかについては議論がある。私の意見では、その人を参加者と表現するのが適切なのは、行われていることについて何か言い、そしてデータの所有権を有する場合である。実験室に連れて来られて何かされ、そして測定される場合には、その人を表現するのにもっとも適当なことばはおそらく「被験者」である。

訳注1　イングランド北東部タイン＝ウィア州の浜辺の観光地。

第5章　心理テスト

◆はじめに

およそ心理学でもっとも大きく意見が分かれ、そしてもっとも激しく論じられていることの一部は、**心理テスト**に関わっている。その論争はしばしば混乱しているが、それは科学的な問題と政治的な問題が交錯するためだ。つぎのような事柄についての論争がある。

・実際的問題：テストは正確で一貫した結果を与えるか？　複雑な統計手続きは、起きている事柄を明らかにするのか、それとも見えなくするのか？

・理論的問題：テストは隠れた心理的特質を測定しているのか？　たとえば「知能」のような特質があり、それはＩＱテストによって測定されるのか？

・政治的問題：集団間の違い、たとえば社会階層、異なる民族集団、また男性と女性の違いを調べるのにテストを使うことができるのか？　テストを使って人々を**カテゴライゼーション**することの社会的・政治的影響は何か？

この章ではこうした主要問題をすべて見ていくことにするが、非常に複雑な議論もあり、本書のページ数では十分に論じることができないことを断っておかねばならない。１００年以上にわたって発展してきた心理テストの技術を簡単に概観することから本章を始める。つぎに知能テストとそのかなり怪しい過去を調べ、最後にパーソナリティテストのもついくつかの問題について簡単に見ることにしよう。

◆心理テストの技術

「心理測定《サイコメトリック》」とは「心《マインド》を測定すること」を意味するが、多くの心理測定家は「心」というような用語をあまり心地良く思わないだろう。心理テストは標準的な形式で個々人に与えられるひとつないし一連の課題で、その得点《スコア》は数字（またはカテゴリー）で表される。ほとんどあらゆる活動を測定できる。実用性のために、一般に質問紙に答えるという形が採られる。認知機能（たとえばＩＱテスト）、パーソナリティ（たとえば以下に述べるアイゼンクのＥＰＩ）、気分（たとえばベック抑うつ尺度）、態度（たとえば政治上の世論調査）、さまざまな職業への適性（たとえば包括的能力バッテリー）、疾病（たとえばマギル痛み質問票）、その他の多くの特質を測定するためにテストが使われている。心理テストは日常生活の中で広く使われていて、それらを受ける機会も多い。

パフォーマンスと能力

まず考慮されるべき問題のひとつは、**パフォーマンス**と**能力**の区別である。パフォーマンスとは実際にすることであり、能力とはできることである。「君には能力があるのに、やるべきことをやっていない」と教師に言われるのは学生によくある経験だ。その意味は、あなたの成績が不合格なのはパフォーマンスが悪かったからであり、能力が低いためではないということだ（教師のせいでないことも明らか）。どんなテストも、その人のパフォーマンスを測定することができるだけで、能力は測定できない。私たちにできるのは、パフォーマンスからその人の能力を推測することだけである。したがって知能を測定するとき、実際にはその特定のテストでの**パフォーマンス**を測定しているのであって、その元にある**知能**を測定してはいないのである。

テスト結果を解釈するときに生じる問題は、パフォーマンスには多くの要因が影響を与えるということである。つぎのような要因がある。

・テストに使われることば：同じことばが別の人には別のことを意味する。そしてパフォーマンスは質問の理解のレベルによって影響される可能性がある。
・テストが行われる状況：邪魔されることが少ない静かな環境でうまくやれる人がいるが、テレビがついているときだけ集中できる人もいる。
・予想：質問に答えられないだろうと予想するなら、簡単にあきらめるだろう。
・動機づけ：競争心旺盛で何事にも勝ちたいなら、うまくやろうと努力するものだ（たとえばＩＱテストの場合）。

人間の測定

何かを測定するためには、それを他の何かと比較しなければならない。テーブルを測定する場合は物差しが使えるから簡単なのだが、人間を測定する場合は何が使えるだろう？　人間を測定するテストには、3つの方法がある。

1　直接測定：握力や反応時間のような物理的な測定をする場合である。こうした測定法が有用な場合があるが、人間を直接測れる測定法は限られた数しかない。

2　目標基準準拠測定：個人のパフォーマンスを理想的なパフォーマンスと比較するもの。

3　集団基準準拠測定：個人のパフォーマンスを他の人、一般には**仲間集団**と比較するもの。これは心理テストの断然一般的な使用法である。

集団基準準拠測定の一例がＩＱテストである。子どもは大きくなるにつれて教育上の技能を発達させ、ＩＱテストにより多くの正しい答えをするようになる。このことは、子どもたちの知的技能が向上しているとは言えても、ＩＱが向上しているとは言えない。個々人を同年齢の子どもたちと比較すれば、ＩＱ得点はその子どもたちの年齢集団におけるランキングを表すことになる。この測定法は似た人たちと比較してどれくらいかを教えるという点で、多くの利点がある。しかしそれはまた、個人間の違いが非常に小さいときでもそれを大きく強調することにもなる。

テストの信頼性

心理テストを使う場合、それが一貫した結果を与えてくれるかどうかを知る必要がある。水曜の午後に誰かにテストを実施したなら、金曜の午前に実施した場合と同じ結果を得るのが望ましい。あらゆる種類の測定法には誤差の成分が含まれているから、もしまったく同じ結果を得たならそれはそれで驚くべきことだが、この誤差は比較的小さいのが望ましい。心理学者は**信頼性**を評価する数々の技術を使っているが、それには以下のようなものがある。

1　**再テスト法**：この場合、2つの時期にテストを実施し、**相関**を使って得点を比較する。再テスト信頼性はつぎのような多くの要因によって影響される。

（i）被験者における変化：たとえばＩＱテストを再テストする間隔を3ヵ月空けた場合、その間に子どもが知的技能を発達させることは十分予想できるし、また子どもはそれぞれ異なった速度で発達するから、その間に得点順位も変わるだろう。これが再テスト信頼性の計算結果を減少させるだろう。

（ii）測定誤差：たとえばテストのとき二日酔いのため気分が悪い上に、教示が簡単すぎて何が求められているのかわからず、いつものように見当をつける。こうしたことは得点の信頼性をかなり損なう。

（iii）他の要因：たとえば2回のテストの間が非常に短いなら、被験者が答えを覚えている可能性が高い。また質問が非常に簡単な場合、被験者はどちらのテストにもほとんど正しく答えるから、高い信頼性が得られるだろう。

2　**内的整合性**：この場合、テスト内の2つの部分を比較して、どれだけ得点が似ているかを調べる。

パソコンが現れる前は、内的整合性を計算するもっとも一般的なやり方は折半信頼性を使うものだった。

この方法は項目の半分（たとえば奇数番号の項目）への反応と他の項目（たとえば偶数番号の項目）への反応の相関を求める。テストの長さなどを考慮して得点にいろいろと修正が加えられるが、それでもこの方法は信頼性の値についておおよその近似値を与えるだけである（テストが長いほど信頼性が上がるため、テストを半分に分けるなら必然的に信頼性の値が減少する）。

折半法のより洗練されたバージョンは、半分ずつの対を可能な限り作って調べるというもので、この信頼性の値を**アルファ係数**と言う。この方法はテストの誤差の量を評価して、誤差がないとしたら「真の」得点がいくつになるかを算出する。続いて実際の得点と「真の」得点を比べ、信頼性の程度を求める。

上述した信頼性の算出方法はすべて、データについてめったに当てはまらない仮定をしているので、重大な誤りをおかしている（Shevlin, 1995, 1998）。したがって心理測定家は、アルファ係数と同じ原理だがデータについてそれほど多くの仮定をしない、より複雑な信頼性の計算法を用いている。

ここまでの話は信頼性にまつわる統計手続きのとてつもなく短い要約だが、読者の皆さんもその詳細や数学上の公式を知りたいとは思わないだろう。この節を読み進んでくるにつれて多くの読者のまぶたが重くなっていることは、私も承知している。（注：もしテストの技術に興味があるなら、Kline, 1993 あるいは Kaplan and Saccuzzo, 1993 を参照のこと。それから、かかりつけの医者かカウンセラーの援助を求めること）。

以上から2つのことがわかる。第一に、データをどう評価するかについて、心理測定には統計学上の多くの議論がある。第二に、測定にはつねに誤差がつきまとうが、心理学者は誤差を減少させるために10

0年以上にわたって統計的な道具を開発してきた。そして全体としてテストは、統計学的に非常に洗練されている。その結果、広範な心理的変数を測定するのに使われる、数多くの信頼できる心理テストがある。

妥当性

テストが測定すると言っているものを実際に測定しているとき、そのテストには妥当性があると言える。抑うつ尺度が抑うつの程度を測定しているかどうか、またＩＱテストが知能を測定しているかどうかが問題である。けれどもこれはそれほど明白なことではなく、妥当性の測定は複雑な過程である。

妥当性には多くのタイプがあるが、もっとも重要なのは、おそらく**構成概念妥当性**である。テストに構成概念妥当性があるなら、それは心理学的概念あるいは心理学理論と一致している。テストが構成概念妥当性をもつなら、つぎのようになるはずである。

・そのテストの得点は同様の心理的特質を測定する他のテストと相関する。
・そのテストの得点は異なった心理的特質を測定するテストとは相関しない。
・そのテストの得点は将来のパフォーマンスを予測する。
・そのテストの項目は適当な心理学理論と関係がある。

これはすべて、行うよりも言うが易い。心理測定家はテストの妥当性を確立するためにはどんな苦労も惜しまないのだが、テストの多くはそれが実際には何を測定しているのか、議論を呼び続けている。

標準化

標準化の概念は、能力は精神的なものも身体的なものも、母集団においては正規分布曲線に従って分布するという原理にもとづいている。この曲線は一連の得点が、少数の人においては得点が極めて高く、同様に少数の人において得点が極めて低く、そしてほとんどの人は平均近くの得点を得るということを示している。得点が正規分布していると見なすなら、**標準偏差**とＺ得点という統計を用いて、その人のパフォーマンスを判断することができる。

テストを標準化するには、そのテストの得点が母集団の中でどのように分布するかを確かめ、そしてテストが十分に大勢の人に実施されるなら正規分布することを確かめねばならない。これには多数の人にテストすることと、あるタイプの人の標準的な得点がどれくらいかを確かめることが含まれる。これによって、何点が平均点で何点が平均より上で何点が平均より下かを確定する、母集団の基準をつくることができる。つまり標準化によって、少なくとも理論上は、その人の結果がどれだけ典型的なのか、あるいはまれなのかが判断できるのである。

ここでの大きな問題は、第一に標準化手続きのための**標本**の選択、第二に得点が正規分布するという仮定にかかわっている。全国平均のＩＱ得点を知りたいなら、国民全員にテストをすれば算出できるだろう。これははっきり言って現実的ではないので、全母集団の中から標本を選んでその標本を使って母集団の平均得点を見積もる。この見積りに誤差があることは明白だが、誤差の量は、標本がどれだけ母集団をよく代表しているかにかかっている。

まとめ

心理テストの技術について簡単に述べてきたが、テスト製作がどれだけ洗練されたものかや、テストを製作し解釈する際の実際的な問題を垣間見ることはできただろう。議論はおもに技術的な性質のもので、テストの潜在的な誤差と、どれだけ将来の行動の予測ができるかに関わっている。こうした議論は少しばかり縁遠く、技術的なことのように思うかもしれないが、多少の専門的な事柄の理解なしには心理テストから生じる他の問題についても論じることができないのである。たとえばイギリスの心理学者、シリル・バートが提出したデータ［訳注1］を心理学者たちが科学的に検討することができなかったために、彼がまんまと知能テストの科学的詐欺をやってのけるのを許してしまったのだった（Hearnshaw, 1979参照）。

◆知能の検査

知能の検査はおそらく心理学において最大の議論を引き起こしている問題である。可能なページ数では、知能検査の問題の2、3にふれ、このトピックがもたらす感情の激しさを多少とも読者に伝えることができるだけである。つぎに示す2つの引用が、このトピックについての見解の相違の大きさを伝えている。

知能の測定は、これまでの心理学におけるもっとも目覚ましい成果である。

(Herrnstein, 1973)

ＩＱテストは貧者を抑圧する道具として働いてきた。

(Kamin, 1977)

初期のテスト

いちばん最初の心理テストは通常、１８８４年にロンドンで開かれた国際健康博覧会にブースを出して、３ペンスの料金で客の精神的能力を検査したフランシス・ゴールトンが始まりとされている（図５-１参照）。音や光や皮膚接触への反応時間の測定や、他の測定可能な運動筋肉の活動と感覚判断を含むこのテストを、９、０００名もの人々が受けた。ゴールトンのことを特に持ち出したのは、彼が知能は**生得的**であるとの信念をもち、また社会問題の優生学による解決の熱狂的な支持者だったからである。優生学というのは、選択的繁殖によって人間の性質を改良しようとする試みのことである。たとえば、この国の全般的な知的レベルを向上させたいなら、知的な人たちにはたくさん子どもをもつようにさせ、知的でない人たちには子どもをもたないようにさせるというわけだ。このような考えは社会にダメージを与えかねない

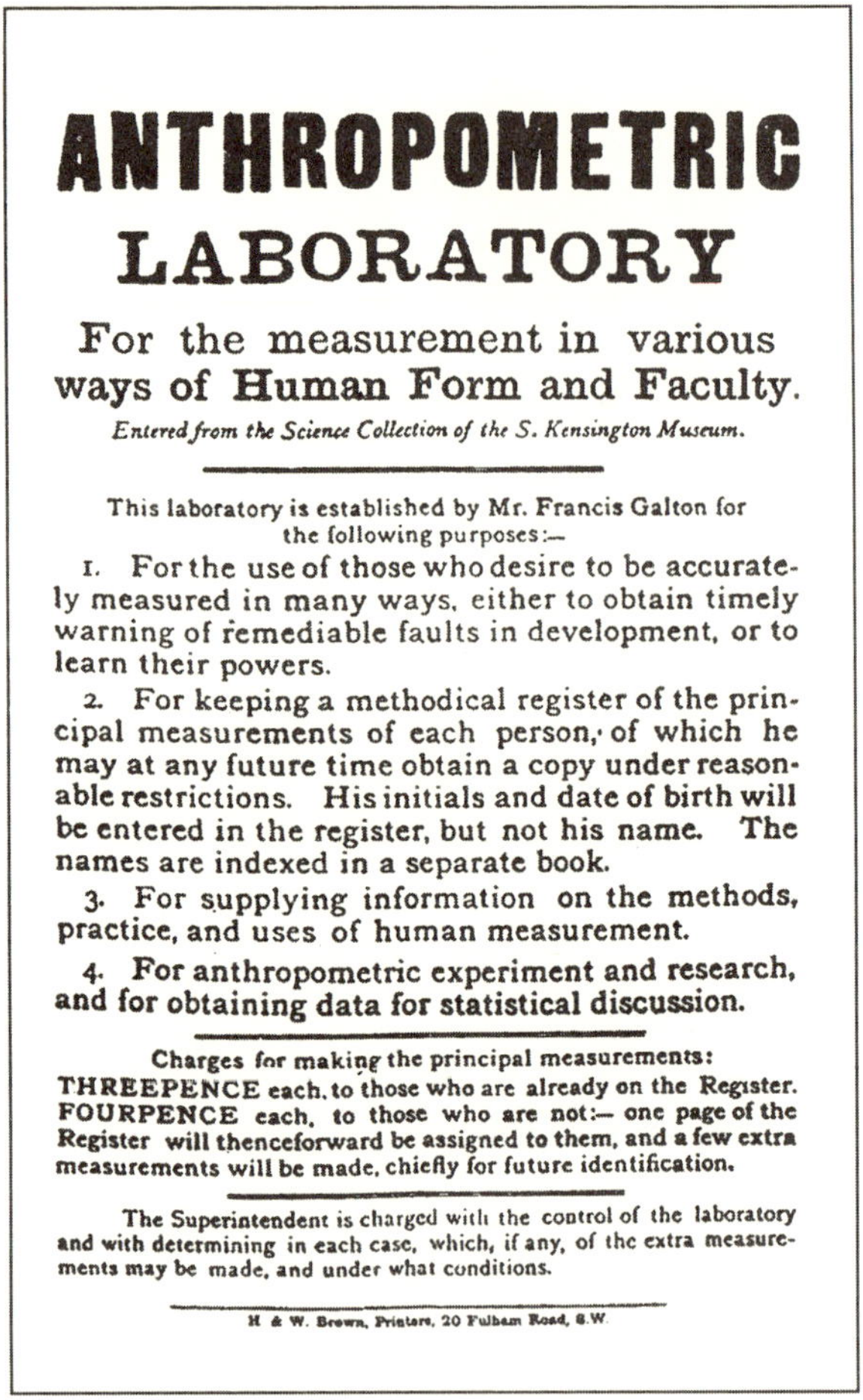

ANTHROPOMETRIC

LABORATORY

For the measurement in various ways of Human Form and Faculty.

Entered from the Science Collection of the S. Kensington Museum.

This laboratory is established by Mr. Francis Galton for the following purposes:—

1. For the use of those who desire to be accurately measured in many ways, either to obtain timely warning of remediable faults in development, or to learn their powers.

2. For keeping a methodical register of the principal measurements of each person, of which he may at any future time obtain a copy under reasonable restrictions. His initials and date of birth will be entered in the register, but not his name. The names are indexed in a separate book.

3. For supplying information on the methods, practice, and uses of human measurement.

4. For anthropometric experiment and research, and for obtaining data for statistical discussion.

Charges for making the principal measurements:

THREEPENCE each, to those who are already on the Register. FOURPENCE each, to those who are not:— one page of the Register will thenceforward be assigned to them, and a few extra measurements will be made, chiefly for future identification.

The Superintendent is charged with the control of the laboratory and with determining in each case, which, if any, of the extra measurements may be made, and under what conditions.

H & W. Brown, Printers, 20 Fulham Road, S.W.

図5-1　ゴールトンの初期のテストの広告

タイトルに「人体計測実験室——人間の形態と能力をさまざまな方法で測定するために」とある。ゴールトンによって作られたこの実験室の目的は，

(1) 自分の治療可能な欠点や自分の能力を知りたい人のため，

(2) 全員の基本的な測定値の記録のため，

(3) 測定方法についての情報を得るため，

(4) 人体計測上の実験と研究，統計的な検討のため，

と主張されている。

から、反論が大切である。

知能への優生学的アプローチには多くの問題がある。つぎのような仮定もそうである。

・人間には知能と呼ぶことのできる性質がある。——これは自明のことのように思えるかもしれないが、たったひとつというよりも多くの異なったタイプの知的行動があると主張することができる。

・知能について信頼性と妥当性を備えた測定をすることが可能である。——しかし、すでに見てきたように、信頼性と妥当性の問題には今日に至るも論争がある。

・知能の量は固定していて、向上させることができない。——しかし、知能はコーチすることによって向上しうる。

・人々の知能の違いは、おもに遺伝要因による。——これはさまざまな仮定の中でももっとも議論のあるものだが、これを支持する若干の科学的証拠もある。

これらの仮定にはみな論争があり、それは以下に検討することにしよう。ここで心にとどめておくべき重要な問題は、知能テストは個人差の遺伝的説明と、社会問題の遺伝学的解決を提唱する科学者に、いつも結びついていたということである。

ビネーの先駆的なテスト

ＩＱテストと認めることのできる最初のテストは、フランスでアルフレッド・ビネーによって開発された。彼は頭の大きさと知能の関係を調べることから科学的な研究を始めたのだったが、両者の間にはほとんど関連がないことがわかった。後に彼は公教育大臣から特殊教育を必要とする子どもたちを見分ける技術の開発を委託され、そこから知能テストが生まれた。このテストは、さまざまな課題についてある子どものパフォーマンスをさまざまな年齢の子どもたちのと比べることで、その子どもの精神年齢を評価するのに使われた。後に子どもの精神年齢を生活年齢で割って知能の指標を表すことが提案され、こうしてＩＱの概念がつくられた（公式は上の通り）。これは前に述べた集団基準準拠測定の一例である。

特別な援助が必要な子どもをこのテストで見分けることができるとビネーは考えたが、知能はさらなる援助によっても向上させることのできない固定した量であるとの考えには強硬に反対した。残念なことに、このアプローチはテストが英語に翻訳されてアメリカに運ばれると、失われてしまった。ビネーのアプローチとは対照的に、英語圏での知能テストのもっとも熱烈な支持者たちはというと、個人差はおもに遺伝要因によると信じていて、社会問題とされている事柄への優生学的な解決を提唱する科学者たちだった。たとえば、スタンフォード大学の心理学教授だったときにＩＱテストをアメリカに紹介したルイス・ターマンは、こう書いた。

$$\textbf{知能指数}\ (\mathrm{IQ}) = \frac{\text{精神年齢}}{\text{生活年齢}} \times 100$$

われわれの階層が所有するのにふさわしい国を維持しようとするのであれば、精神的退廃者の繁殖をできる限り防がねばならない。

（Lewis Terman, 1921 Kamin, 1977から引用）

もったいぶった言い方が引用の趣旨を隠している。易しく言い換えると、貧しくて無学な者たちが子どもをもつのを止めなくてはならない、とターマンは言っているのである。アメリカで半分以上の州が「精神薄弱者」の断種法を導入し、何万件もの手術が実施されたという事実（Kamin, 1977）がもしなかったとしたら、彼の言い分は不快ではあっても取るに足らぬと思えたかもしれない。

最初の集団ＩＱテスト

アメリカの心理学者ロバート・ヤーキズは心理学を「ハード」サイエンスとして確立させようと努めていた。そしてこれを達成するための有望な手段が、メンタルテストだと考えた。残念ながら１９１５年当時のメンタルテストはそれほど確実なものではなかったので、ヤーキズはこれを変えようとした。ヨーロッパで第一次世界大戦が勃発しその結果アメリカが参戦して、軍隊が大量に動員された。ヤーキズは入隊者全員にメンタルテストを行うよう軍を説得し、その結果彼は１７５万人へのテストの実施を主宰することができた。

テストには3つのタイプがあった。読み書きのできる入隊者にはアーミーアルファと呼ばれる記入式テストが与えられ、読み書きができないかアルファ式テストに失敗した者には絵の描かれたアーミーベータと呼ばれるテストが与えられ、ベータ式テストに失敗した者は会話式の個別検査を受けるため呼び出された。アルファ式テストは8つの部分から成り、アナロジー、空いている数字を埋める、語を並べ替えて文にするといった項目から構成されていたが、これらは今日ＩＱテストとして知られている。ベータ式テストは7つの部分からなり、算数や図5-2に示すような図を完成させる課題を含んでいた。テストはいずれも1時間もかからず、大集団での実施が可能だった。

このテストは「生まれつきの知的能力」（Gould, 1981, p.349 から引用）を測定しているとヤーキズは主張したが、回答するのに一定の文化的・教育的知識レベルが必要だったことがつぎの例からもわかる。

・「ワシントンのつぎはアダムズ、第一のつぎは……」
・「クリスコは：医薬品、消毒薬、練り歯磨き、食品」
・「クリスティ・マシューソンが有名なのは：作家として、芸術家として、野球選手として、コメディアンとして」

このテストの実施には数多くの問題があった。特に、英語の読み書きのできない者も多くがアルファ式テストに割り当てられ、0点かそれに近い点を取った。英語がうまく理解できない最近移住してきた人々

Part six of examination Beta for testing innate intelligence.

図 5-2　ヤーキズのメンタルテストの絵画検査の項目

出典：Gould (1981)

や、公教育をあまり受けてこなかったか受けたとしてもわずかだった黒人男性はアルファ式テストで点を取ることができなかったので、テストに体系的なバイアスを生んだ。もうひとつの問題は、ベータ式テストでも鉛筆を使って数字を書き入れなければならなかったが、多くの男たちはこれまで鉛筆など持ったことがなかったのである。

このテストは非常に関心を呼んだ。そして1921年にヤーキズがその知見を発表したとき、彼は「商社から、教育組織から、また個人から、軍式心理学的検査法の使用について、また特別なニーズへの適用についての絶え間ない要望」を豪語することができた。メンタルテストと心理学は、ヤーキズが望んだ確かな科学に達したのだった。

グールド（Gould, 1981）は、テストのデータがもたらした3つの「事実」について述べている。

- 白人アメリカ人の平均的な精神年齢は約13歳である。残念なことに、これは精神薄弱者の知的レベルと定義されていたから、平均的なアメリカ人は愚鈍であることをこのテストは示したことになる。（注：アメリカ人の読者にはご自身のエスノセントリズムを抑えるようお勧めする。）
- ヨーロッパからの移民は出身国で格付けすることができる。
- 黒人男性の平均点は白人男性の平均点より低い。

これら3つの「事実」は、テスト実施上の困難とテストを受けた集団の読み書きレベルで適切に説明できる。実際、データの再分析によると、パフォーマンスはその人がアメリカに住んでいた時間の長さに依存していたが、これは文化と言語がテストのパフォーマンスに大きな役割を果たしていたことを示唆している。しかし、この結果にはずっと意地の悪い説明が与えられた。白人は黒人よりも優れている、アメリカ人は多くのヨーロッパ人よりも優れている、と主張されたのだった。

またもや政治的信念が科学的分析に勝利し、優生学的説明が地歩を固めた。その結果のひとつが1924年にアメリカ議会を通過した移民制限法で、この法律は特定の国の人がアメリカに移住するのを選択的に規制するものだった。優生学的主張を支持する科学者たちは政治家に陳情し、そしてグールドによれば、「科学的人種差別のアメリカ史上もっとも大きな勝利のひとつを収めた」(1981, p.352)。

統計技法と知能テスト法

メンタルテストの結果を解釈する必要から、一連の統計技法が開発された。カール・ピアソンが相関を開発し、チャールズ・スピアマンは**因子分析**を開発した。因子分析は知能研究において特に重要である。というのは、知能のようなものが存在することを言うためにそれが使われるからである。知能は一般に思われているほどはっきりしたものではない。何かのためのことばがあるからといって、それが存在すると保証されるわけではない。私たちに観察できるのは、人が知的に振る舞っていることだけだ。しかし、そのことは、その人が知能と呼ばれるものをもっていることを意味しない。

一連のメンタルテストを行った場合、それらすべてに等しくよくできるわけではない。たとえば数学が得意な人が英語や芸術も得意とは限らない。これを説明するのに、これらのスキルはまったく異なると言うこともできるし、すべてのメンタルテストのパフォーマンスに影響を及ぼす知能というひとつの基礎的なスキルがあると言うこともできる。知能の違いは遺伝されるという考えは、パフォーマンスに影響を及ぼすひとつの性質があるという単純な考えによっている。もし知能というひとつの性質がないなら、それが遺伝されえないことは明白である。これがテスト得点を統計的に分析することの意義である。もしひとつの知的性質があることを示すことができたなら、知能の違いは遺伝要因の結果であると主張することができ、優生学的な解決法を提案することができる。他方、もし知能と呼べる単一の性質がないのなら、遺伝的な違いについての全議論が崩れ去る。

スピアマンについて特に言及することが重要なのは、その時代の多くの知能テスト研究者と同様に優生学的解決法に賛同し、そのため知能がひとつの性質をもつことを確認しようとしていたからである。彼は多くの相関の間の関係を分析する因子分析の技法を開発した。そしてさまざまなメンタルテストからデータを取り、ほとんどのテストで得点の分散を説明するひとつの因子があることを示した。彼はこれをg因子（genaral intelligence 一般知能のg）と呼んだ。これはまったく見事な結果のように思われたし、計算は複雑で多くの人がこの知見に反論できなかった。しかしグールド（1981）はスピアマンによるメンタルテストの因子分析に批判を加え、gの存在を疑問視し、したがって知能というひとつの基礎的な性質の存在に反論した。グールドによって繰り広げられた議論のひとつは、同じデータを使ってただひとつの因子を示す代わりに、複数の因子の存在を示すこともできるというものだった。

したがって統計法は決定的なものではなく、ひとつの基礎的な性質があるのかどうかの論争はまだ続いている。たとえ基礎的なひとつの因子があるとしても、それを知能と呼べるかは決して明白ではない。それは、すべてのテストのパフォーマンスに影響を及ぼす、たとえば何らか文化的変数、あるいは環境的変数かもしれないのだ。

知能テストと人種

上述したように、初期のＩＱテストは人種の間に違いがあるということを示すために使われた。この議論はなんら解決をみることなく、喧々囂々、１００年以上にもわたって続いた。人種差を探求する試みには多くの問題があり（心理学におけるバイアスに関する第4章参照）、知能の問題と変わるところはない。特に議論の余地があるのは、集団間の違いがしばしばパフォーマンスの違いではなく、能力の違いとして提示されるからである。実際のところ、私たちがもっている唯一の証拠はパフォーマンス得点であり、集団によってなぜパフォーマンスが違うのかを説明しなければならない。これは文化的、教育的、また動機上の要因などさまざまな要因によるであろうし、これらによる説明の方がジョーンズがあげている理由から（本書第4章参照）、遺伝的説明よりもずっともっともに思われる。

遺伝の効果をどのように計算するかという問題もあり、よく引き合いに出される統計量が**遺伝率**である。この統計量は、ある既知の集団内での分散がどれだけ遺伝要因によるかの見積もりである。しかしそれは、なぜ2つの集団が異なるのかについては教えてくれず、したがってこの問題の理解に何も貢献しない

（Rose *et al.*, 1984 参照）。またそれは遺伝的性質がとれだけ個人の特徴に影響を与えるのかについても、何も語ることができない。

このような問題があるから、人種間の違いについて主張するのは大変困難である。事実、指導的な心理測定家であるクラインはつぎのように言う。

> さまざまな人種集団にＩＱテストをして得点の違いを見ることの唯一の利点は、他集団をけなしたい人たちに武器を与えることである。それが理論的な理解や社会的・教育的実践につけ加えるものは何もない。
>
> （Kline, 1991, p.96）

ＩＱテストと期待効果

心理テストの使用、特にＩＱテストの使用において懸念されることのひとつは、テストの結果が**期待効果**を生むことである。たとえば、誰それが天才であるとＩＱテストの結果が告げるなら、その後その人の行動をテストの結果の観点から解釈し、そしてその人が知的に振る舞うことを期待するだろう。人は他人の期待に応えることがあるので、知的であると期待されればいっそう知的に行動するようになるかもしれないことを指摘しておくのが公平というものだろう。

有名だが異論の多い研究に、ローゼンソールとヤコブソン（Rosenthal and Jacobson, 1968）のものがある。

彼らは、児童の成績が、ただ担任教師が期待をもつだけで、1学年の間に変わるかどうかを調べた。アメリカのある小学校の一定の割合の児童が「開花児《ブルーマー》」と分類された。つまり担任教師は、この子どもたちがこれからの1年間に知能が急激に伸びると心理学的アセスメントによって期待されると受け取ったのである。教師たちには知らされていなかったが、開花児たちは実際は各クラスからランダムに選ばれていた。つまり、研究が始まったとき、開花児たちと他のクラスメートの間には実際には何の違いもなかった。もし学年の終わりに開花児たちがクラスメートよりも実際に急速に伸びていたなら、これは教師がもった期待のためであると考えることができる。高い期待をもたれると生徒の成績が上がるなら、低い期待しかされなければ成績が下がるというもっと懸念すべき効果も、日常的に起きているだろう。

　結果はローゼンソールとヤコブソンの仮説を支持するものと思われた。しかしこの研究には多くの批判がある。たとえば、彼らが使ったＩＱテストはその年齢の子どもたち用に標準化されていなかった。追試の結果はまちまちであり、ローゼンソールとヤコブソンが述べた効果は、彼らが考えたほどしっかりしたものではなかった。

　ある人が別の人にもつ期待は、ただ期待があるというだけで行動のより正確な予測になり得る、とローゼンソールとヤコブソンは考えた。この考えの背後にあるプロセスは、見た目よりも複雑である。期待のプロセスにはつぎが含まれる。

（i）教師が生徒に何らかの期待をもっていて、その期待は何らかの証拠や伝聞にもとづいていると見なされる。

(ii) この期待は教師の行動に目に見える形で影響を与える。

(iii) 生徒は教師のもつ期待のこうした「伝達《コミュニケーション》」に気づく。

(iv) 教師のもつ期待の生徒による理解は学校の成績に影響を与えるはずである。

したがってこの研究の追試が困難なのは、これら4段階のどこでも失敗する可能性があるからである。しかし期待効果という考えを支持する経験的な証拠があり、その良い例がシーヴァー（Seaver, 1973）による準実験である。この研究は、すでにその子の兄や姉を教えた経験にもとづいて教師がもつ、その子への期待を調べた。問題は、教師は妹や弟に姉や兄と同じを期待するか、そしてその期待が成績に影響するかである。多くの人が、学校で、利口だったり行儀が良かったり、責任感があったりした兄や姉と比べられた経験をもっている。教師たちは**同胞**についての経験にもとづいて、期待をもつようである。シーヴァーの研究はこのことを確認した。姉や兄を教えたことがある教師がいるクラスの生徒の成績は、同胞について何も知らない教師がいるクラスの場合よりも、同胞の成績に似るのだった。

まとめ

知能の検査は多くの論争を引き起こしている。それにはつぎが含まれる。

・知能のようなものがあるのか。
・知能を正確に測定することは可能か。
・人によるＩＱテストの得点の違いを遺伝要因がどれだけ説明するか。
・集団間のＩＱテストの得点の違いを遺伝要因がどれだけ説明するか。
・ＩＱのデータがもたらす政治的な帰結。
・複雑な統計手続きの解釈。
・ＩＱテストの成績に及ぼす期待効果。
・ＩＱテストでのパフォーマンスから知能を推測することの問題。

◆パーソナリティの測定

キャッテルとブッチャー（Cattell and Butcher, 1968）によると、パーソナリティの研究には３つのアプローチがある。

1　劇作家や小説家が読者に人間の行動と経験についての洞察を与えるようなやり方で人々を記述する、文学的アプローチ。

2　臨床家が正常なパーソナリティと異常なパーソナリティを体系的に分類する、臨床的観察。

3　相関法、特に因子分析にもとづく統計学的伝統。

この節では3つ目のアプローチを取り上げることにし、パーソナリティの特徴の測定と数量化をめぐる問題のいくつかについて考えることにしよう。パーソナリティの測定は知能の測定ほどの論争は引き起こしていない。そのおもな理由は、パーソナリティ得点の政治的影響はＩＱ得点ほど大きくないことである。しかし、両者の測定には、議論の余地のある同じ多くの問題を見ることができる。たとえば、因子分析の使用、テストの妥当性、個人の性質の遺伝をめぐる問題、それに心理テストと優生学の歴史的なつながりである。

パーソナリティ質問紙

パーソナリティを測定するポピュラーな方法は、質問紙を使うものである。これには、比較的作成しやすい、比較的実施しやすい、集団基準の確立が比較的たやすい、といった利点があることが明白である。つまり、心理測定学的に効率が良いのである（Kline, 1993）。けれども、考慮すべき重要問題は妥当性の問題である。テストに信頼性があるとしても、いったい何を測定しているのか？

問題は、因子分析を使うところにある。知的パフォーマンスを調べるために因子分析が使われるとき、どれだけの数の因子があるか予測する理論がそこにはある（この場合は1因子）。しかしパーソナリティ理論では、期待される因子の数はまったく明らかではない。人と人との違いのすべてがパーソナリティのたったひとつの特徴で説明できるなどとは誰も予測しないだろう。けれども、いくつの特徴があるのだろうか？　因子分析という統計手法を使っていくつもの因子を見つけ出すことはできる。たとえば、ありとあらゆる質問紙によるデータを使って、データを説明することのできる４つのおもな因子を見つけ出したとしよう。心理学者にとって問題となるのは、これらの因子に名前を与え、そしてそれらが本当に存在することを示すことである。しかし、因子とは数字のトリックであり、統計学者のコンピュータの外には存在しないという別の説明もある。

パーソナリティ理論

キャッテルは因子分析を使ってパーソナリティの16の因子を取り出し、「16人格因子質問紙」（16ＰＦ）はパーソナリティの主要な因子を測定し、人々の間の違いを説明することができる、と主張した。したがってキャッテルは統計的手法を使って16の因子を発見したのであり、これが人間に存在する現実の因子なのかどうかが議論の的となる。

Ｈ・Ｊ・アイゼンクも１９４７年に同様に心理テストにもとづいた別のパーソナリティ理論を唱え、パーソナリティには２つの主要な次元があるとした。（ⅰ）内向的／外向的、（ⅱ）神経症的／安定的である。これらは個人差のかなりの部分を説明する基本的な**特性**である、と彼は主張した。アイゼンクの理論はたくさんの研究を生んだが、それはおそらく、16ではなく２つの因子だったからだろう。

他の研究者たちもパーソナリティ特性の別の組み合わせを取り出している。マクレーとコスタ（たとえ

表5-1　5つの頑健な因子

1	外向性	これより少し広い「高潮性 surgency」と言われるときがある。
2	情緒的安定性	アイゼンクの神経症的傾向より範囲が広いが，本質は同じ。
3	協調性	寛大さ，親切，人を非難する，といった特徴を含む。
4	コントロール	だらしなさ，仕事上の几帳面な取り組みといった特徴を含む。
5	文化	好奇心，創造性，知性，聡明さといった特徴を含む。

出典：McCrae and Costa（1985, p.716）

ば、McCrae and Costa, 1985）はパーソナリティには5つの基本的因子があると言っている。現在ではこの見解を支持する証拠が増している（Kline, 1993）。これらの因子は因子分析から得られたものだが、同様の因子がさまざまな研究にも見られ、たんなる統計上の幻ではなく、現実の心理的変数を表しているという主張に支持を与えている。5つの因子を表5－1に示した。

期待とバーナム効果

アイゼンク人格目録（ＥＰＩ）やそれに類したテストのもつ重要な問題は、テストを受ける人の期待に関係している。ファーンハムとヴァリアン（Furnham and Varian, 1988）は、テスト得点を人がどのように予測し受け入れるのかを調べた。最初の研究では学部生に、自分のＥＰＩ得点とよく知っている人のそれを予測してみるよう求めた。学生たちはこれをかなりうまくやった。続いて第二の研究では、ＥＰＩを行った後で一部の学生には偽りの得点を**フィードバック**した。学生たちは否定的なフィードバック（たとえば、「あなたはみじめで臭い、まぬけな人である」）よりも肯定的なフィードバック（たとえば、「あなたは暖かい、思慮深い人である」）を、それがたとえ実際の得点と関係なくても、正確だと見なしがちだった。

そんなわけで必然的に**バーナム効果**の議論に行き着く（この名称は有名なアメリカの芸人、P・T・バーナムからきている）。手短に言うなら、バーナム効果とは自分の性格特徴について与えられた情報を信じる強い傾向のことである。たとえば占い師や占星術師、筆跡占いなどの「プロ」は、これを効果的に使っているのだろう。お客が受け入れる用意ができていることをことばにし、さも深い洞察を含んでいるかのように表現することができれば、立派とはいかなくても十分に生計を立てられる。

これを早い時期に証明したのがフォラー（Forer, 1949）で、教室で、だまされやすさを示して見せた。彼は学生たちにあるパーソナリティテストについて説明し、学生がぜひテストを受けたいと言うように仕向けた（うまくのせる第一のルールは、さも気が進まないように見せかけることである！）。39名の学生がこのテストを受けた。1週間後、各学生は自分の名前が書いてあるタイプ印刷されたパーソナリティの記述を受け取った。研究者はクラス全員に結果を秘密にするよう求め、テスト結果が正確と思うかを答えてもらった。実は学生たちに与えられたパーソナリティの記述はまったく同じで（表5-2）、テストの回答とは何の関係もなかったのだが、全員がテストはパーソナリティを調べるのに完璧、あるいはほぼ完璧な道具だと評価した。これがバーナム効果の例証のひとつである。ファーンハムとヴァリアン（1988）の研究に戻れば、これも同じバーナム効果の例証のひとつであり、少なくとも部分的には、EPIがうまくいったのは、もっともらしく思えるパーソナリティの描写を与えたからだと主張できるだろう。

表5-2　バーナム効果の例証にフォラー（1949）が用いた記述

1	あなたには，他の人から好かれたい，尊敬されたいという大きな欲求があります。
2	あなたには，自分を批判的に見るところがあります。
3	あなたには，まだ使われていない，まだあなたの利益になっていない能力がたくさんあります。
4	あなたの性格には弱点がありますが，あなたはそれをたいていは補うことができます。
5	あなたの性的適応のために問題が生じたことがありました。
6	外面では規律正しく，セルフコントロールされていますが，内面ではくよくよ悩み，自信のないところがあります。
7	自分が正しい決定をしたか，正しいことをしたかについて，ときどき非常に不確かに思うことがあります。
8	制限や限界があると，あなたは一定の変化や多様性を望み，不満になります。
9	あなたは自分が独立してものを考える人であることに誇りをもち，十分な証拠なしには他人のことばを受け入れません。
10	率直になりすぎて，他人に自分のことを見せるのは賢いことではないと思ってきました。
11	たまに外向的で愛想よく，社交的なときがありますが，内向的で用心深く，控え目なときもあります。
12	あなたのもつ抱負のうちのいくつかはかなり非現実的です。
13	安全はあなたの人生の大きな目的のひとつです。

パーソナリティ質問紙のその他の問題

クライン（Kline, 1993）は、パーソナリティ質問紙における誤差の元をたくさん挙げているが、つぎのようなものがある。

1 黙従：人にはその内容にかかわらず、与えられた質問紙の項目に同意する傾向がある。

2 社会的望ましさ：人は自分を都合良く見たいから、良く見えるように回答する傾向をもつ。たとえば、事実はめったに洗濯しなくても、あまりそのことを認めそうにない。

3 中間カテゴリー：多くの質問紙は5点尺度で回答するよう求めるが、中間の値で回答する傾向がある。

パーソナリティテストは職場や臨床の場で広く使われている。テストの信頼性を確かにし、また妥当性の確証を生むための洗練された技術が開発されてきた。しかしときには、ある行動パターンや性格が存在するという信念が科学的証拠を上回ってしまうことがある。たとえば、**コーピング**の研究は、フォルクマンとラザラス（Folkman and Lazarus, 1990）によるコーピング・スタイルによる説明が支配的だった（表5-3参照）。コーピングの8つのスタイルは因子分析から得られたもので、彼らのモデルは広く応用され、また広く研究されている。しかしデータをよく見ると、8つのコーピング・スタイルはフォルクマン

表 5 - 3　フォルクマンとラザラスによって因子分析を使って確認されたが，ファーガソンとコックスによって疑問視された 8 つのコーピング・ストラテジー

問題焦点型ストラテジー	
1	直面的コーピング
2	計画的な問題解決
情動焦点型ストラテジー	
3	距離を置く
4	セルフコントロール
5	社会的サポートを求める
6	責任を引き受ける
7	逃避 - 回避
8	肯定的な再評価

とラザラスが言うほど明確ではなく、そこそこ4～5因子と理解するのがデータのより正確な解釈だと思われる（Coyne and Gottlibe, 1996 および Ferguson and Cox, 1997 参照）。

まとめ

この本の焦点は心理学における論争を考えることだったので、パーソナリティテストについてもそうした点を述べるにとどめた。テスト開発の厳密さと心理テストの広範な使用については垣間見ることしかできなかった。いまだ続いている論争には、つぎのようなものがある。

・ラベリング：人のパーソナリティを単純な数的指標に還元するのは適切だろうか？

・パーソナリティ特徴の安定性：パーソナリティの正確な測定法を得たとしても、その結果はパーソナリティの永続的な特徴を反映しているのか、それとも単にテスト時にどう感じたかを反映しているにすぎないのか？

・妥当性：テストは、それが測定すると主張しているものを測定しているか？　特に因子分析は現実のパーソナリティ変数の記述を与えるのか、それともたんなる統計上の作りごとなのか？
・遺伝：パーソナリティ特徴の違いのどれだけを遺伝によって説明できるのか？
・バーナム効果：私たちは専門家のことばにだまされやすいのか？　そしてパーソナリティテストの有効性の多くをこの効果に帰することができるのか？

読書案内

Gould, S.J.（1981）*The Mismeasure of Man*, Harmondsworth: Penguin.（鈴木善次・森脇靖子訳『人間の測りまちがい』河出書房新社　1989）心理学者がどのように知能を測定しようと試みてきたかを詳細に論じた古典的な本。

Kline, P.（1993）*Intelligence: The Psychometric View*, London: Routledge. 知能の心理測定学的見方の明瞭で簡潔な説明。

訳注1　バートは双生児法を使って知能の遺伝を主張したが、データがねつ造であったこと、さらには共同研究者だった研究助手が架空人物だったことが、彼の死後に明らかになった。

付章　関連する心理学の重要研究

論文1

シアーズ「実験室の大学2年生——狭いデータベースが人間の本性に対する心理学の見方に与える影響」
'College sophomores in the laboratory: Influences of a narrow data base on psychology's view of human nature' D.O. Sears in *Journal of Personality and Social Psychology*（1986）51, 513-30.

心理学の被験者は誰か？

この研究は、心理学に存在するサンプリング上のバイアスを説明し、心理学の研究からしばしば引き出される結論に異議を申し立てている。その核心にあるのは、非常に素朴な疑問である。心理学は誰について研究しているのか？　そしてその結果を他のすべての人に一般化することができるのか？

シアーズは本と雑誌に発表された心理学研究の徹底的な分析を行った。この要約では、データの一部だけを見ることにしよう。表付 - 1に示す。

表付-1　1985年の社会心理学論文における被験者集団と研究の場所（データはパーセンテージで示されている）

	論文のパーセンテージ
被験者集団	
アメリカ人学生	
(a) 心理学のクラス	51
(b) 他のクラス	23
他の学生	8
学生総数	82
成人	17
研究の場所	
実験室	78
自然な生活環境	22

この表は、5分の4の研究が被験者として学生を用い、研究のほとんどが心理学実験室で行われたことを示している。ここで疑問が生じる。それは問題ではないだろうか？　学生から得たものを他の人たちに一般化することができるだろうか？　言い換えるなら、学生と成人との間に、何か違いがあるのだろうか？

おそらく読者の方々は、たくさんの違いをあげることができるだろう。大学生は母集団一般をよく代表しているわけではない、とシアーズは言う。大学生は年齢範囲が狭いし、ずばぬけて高いレベルの教育的背景をもち、また出身家庭の収入レベルも高い。心理学の研究における被験者の多数を構成する17歳から19歳の若者は、多くの独特な特徴をもつことが示されているが、シアーズはそれをつぎのようにまとめている。

(a) 自己概念が十分に形成されていないことが多い。

(b) 社会的態度と政治的態度がその後の人生よりも明確

でない。
（c）年長の成人よりも自己中心性が高い。
（d）仲間からの承認を強く求める。
（e）仲間関係が不安定である。

また、大学生には同年齢の他の人たちと一貫した違いがある。
（f）認知的能力の点であらかじめ選択されている。
（g）権威への従順さという点で選択されている。
（h）社会的・地理的な移動性をもつため、仲間関係における不安定性が高い。

シアーズのこのレビューは、社会心理学の主要な知見の中には、学生にだけ当てはめることができて母集団一般には当てはめることができないものがあることを指摘している。

論文2

フラバとグラント「ブラック・イズ・ビューティフル――人種的選好および人種的アイデンティティの再検討」

'Black is beautiful: a re-examination of racial preference and identification', J. Hraba and G. Grant in *Journal of Personality and Social Psychology*（1970） 16, 398-402.

人種的アイデンティティを測定する

自分自身をどう考えているか、また自分のアイデンティティが何なのかを測るのは非常に難しい。この研究は、簡単だが効果的な方法を使って、子どもが何と同一化しているのかを見出した。フラバとグラントによるこの研究は、１９３９年にクラーク夫妻によって最初に行われた研究の追試である。クラーク夫妻は人種意識がどのように発達するのかに関心をもち、異なった肌の色をもつ人形を使った新しいテストを考案した。クラークとクラーク（Clark and Clark, 1947）によると、黒人の子どもは、きれいな人形、悪い子に見える人形、遊びたい人形、きれいな色の人形を選ぶよう求められたとき、白人人形を好み、黒人人形を拒否した。これは、黒人の子どもが自分自身および自分の文化的背景に拒否的な態度をもっていたことを意味する。同様の研究がその後20年間にわたり何度も繰り返され、同様の結果が得られた。

これらの研究は歴史的な文脈の中で見なければならない。１９３０年代のアメリカでは多くの州が人種隔離政策をとっていて、黒人は白人居住地域から閉め出され、教育、住居、福祉、それに職業に関する権利が制限されていた。１９６０年代は公民権運動の発展（キング牧師が指導したものがもっとも有名）と黒人による戦闘的な宗教的・政治的組織の発展（マルコムXが率いたものがもっとも有名）を見た。これは黒人にとって社会参加の機会のいくらかの改善と、将来の見込みの変化をもたらした。その頃から、黒人はアメリカ社会における地位を向上させ、民主主義社会における重要な地位を占めるようになっていった。それにもかかわらず、大多数の黒人はいまだ経済的に不利な状態におかれ、ひどい人種差別の対象になっている。

研　究

子どもたちは4体の人形を使って個別にインタビューされた。人形の2体は黒人で2体は白人だが、肌の色の他はすべての点で同じだった。子どもたちはたくさんの要請に応じるよう求められたが、人種的アイデンティティに関係するのは以下の4つである。

1　いっしょに遊びたい人形を渡してちょうだい
2　きれいな人形を渡してちょうだい
3　悪い子に見える人形を渡してちょうだい
4　きれいな色の人形を渡してちょうだい

被験者は4から8歳の黒人の子ども89名と白人の子ども71名で、白人が多く住むネブラスカ州リンカン市の小学校に通っていた。

表付-2　人形に関する質問への反応のパーセンテージ

項目	クラークとクラーク（1939）黒人の子ども	リンカン市研究（1969）黒人の子ども	リンカン市研究（1969）白人の子ども
1	一緒に遊ぶ		
白人人形	67	30	83
黒人人形	32	70	16
わからない／無回答			1
2	きれいな人形		
白人人形	59	46	70
黒人人形	38	54	30
3	悪い子		
白人人形	17	61	4
黒人人形	59	36	63
わからない／無回答		3	3
4	きれいな色		
白人人形	60	31	48
黒人人形	38	69	49
わからない／無回答			3

結果

結果は、フラバとグラントのデータをクラーク夫妻のと比較する形で示され、また黒人の子どもと白人の子どもの反応を比較する形でも示された。

リンカン市研究では黒人の子どもも白人の子どもも自分自身の「人種」の人形を好んだことが、表付-2に示されている。白人の子どもは項目1と2で有意にエスノセントリックで、項目3では差がなく、黒人の子どもは項目4で有意にエスノセントリックだった。クラーク夫妻によると、黒人の子どもはすべての年齢で白人人形を好んだが、それは年齢が高くなるにつれ減少した。フラバとグラントによると、黒人の子どもはすべての年齢で黒人人形を好み、この選好は年齢とともに増加した。

考　察

この結果は１９６９年の人形選好が、１９３９年とは異なることを示している。フラバとグラントはこの食い違いについてたくさんの説明を提案しているが、どの解釈を受け入れようとこの追試は、社会心理学的知見はそれが行われた社会風潮の産物であることが避けがたいという事実を浮き彫りにしているのである。

訳者あとがき

本書は、心理学の入門書である Routledge Modular Psychology シリーズの一冊、Philip Banyard, 1999, *Controversies in psychology*, London: Routledge の翻訳である。翻訳に当たり、エクササイズの部分と、学生のレポート例とそれへのコメントの章は、イギリスの試験を念頭においたものなので、割愛した。

著者フィリップ・バニアード（本人は Phil と呼ばれたいようであるが、原著の呼称で呼ぶことにする）は英国ノッティンガムトレント大学の心理学準上級講師であり、また英国ＡＥＢ（Associated Examining Board）の心理学のＡレベル試験の主任試験官でもある。健康教育と健康プロモーション、およびブロードバンドを利用した教授法が、彼の現在の主な関心事である。他の著作には、

Introducing Psychological Research: Seventy studies that shape psychology, 2nd ed, London: Palgrave.（Grason, A. と共著）

Applying Skills to Psychology, London: Hodder & Stoughton.（Oliver, K. と共著）

Psychology in Practice: Health, London: Hodder & Stoughton.

Ethics in Psychological Research, London: Routledge.（Flanagan, Cと共著）がある。最後の著作は本シリーズの最新作で、共著者のフラナガンはシリーズ編者の一人である。

心理学は人間の行動と経験を研究する。その知見が人々の倫理観や政治上の信念、信仰などに挑むことがあるのは避けがたい。本書においてバニアードは心理学における諸論争を吟味している。取り上げるトピックは、戦争、プロパガンダ、広告、バイアス、心理テストであるが、これらの底に流れるテーマとして彼がくり返し強調するのが、コントロールと優生学である。彼自身の立場は明確で、一部の者（はっきり言うなら権力者たち）が一般市民をコントロールするために心理学を使うのには懸念を抱いており、優生学には激しく反対している。

本書の魅力であり、また好き嫌いの分かれるところが、時折顔を出す著者のこうした価値観であろう。その点で本書は、一般の学術書とも入門テキストとも一線を画している。彼自身、心理学における論争についての本書の中で、読者との論争を楽しんでいるようである。なにしろ、訳書には収録できなかったが、エクササイズの中には、著者のバイアスを挙げよ、著者が読んでいる新聞は何か、というものがあるくらいである。

訳者が初めて本書を読んだ時、従来の心理学テキストにはない著者の挑戦的な言い回しに、最初とまどった。しかし読み進むにつれて、著者のコメントがすんなりとわかるようになった。著者が言うように、心理学にはバイアスがある。どうも、訳者も知らず知らずのうちに、心理学のもつバイアスに染まっていたようだ。本書にはそれを抜く毒消しの効果があったのだろう。

本書は心理学の入門シリーズの一冊として書かれたものである。学部生が手にするのであれば、今学んでいる心理学のもつバイアスに染まらないよう、ないしはバイアスに気づくことができるよう、本書が役立つことを期待したい。

最後になったが、本書を紹介し、翻訳を勧めてくださった新曜社の塩浦暲さんにお礼を申し上げたい。また、電子メールでの度々の問い合わせに丁寧に答えてくれたフィルにも感謝申し上げる。

２００５年2月

訳　者

著者紹介

フィリップ・バニアード（Philip Banyard）
イギリス，ノッティンガム，トレント大学心理学準上級講師。イギリスAEB（Associated Examining Board）心理学Aレベル試験主任試験官。現在の主要関心事は，健康教育と健康プロモーション，およびブロードバンドを利用した教授法。
主要著書に，*Introducing Psychological Research*, Palgrave（共著）／*Applying Skills to Psychology*, Hodder & Stoughton（共著）／*Psychology in Practice: Health*, Hodder & Stoughton／*Ethics in Psychological Research*, Routledge（共著）がある。

訳者紹介

鈴木聡志（すずき　さとし）
1961年秋田県生まれ。筑波大学大学院博士課程心理学研究科を中退し，現在，東京農業大学教職・学術情報課程助教授。専門は，教育相談，心理学史。
主要著書に，『いじめ』開隆堂出版, 2003年／『不登校』開隆堂出版, 2003年／『現代カウンセリング事典』金子書房, 2001年（いずれも分担執筆），訳書に，マクマホン『遊戯療法ハンドブック』ブレーン出版，2000年（共訳）がある。

心理学への異議
誰による，誰のための研究か

初版第1刷発行　2005年4月25日©
初版第2刷発行　2005年6月25日

著　者　フィリップ・バニアード
訳　者　鈴木聡志
発行者　堀江　洪
発行所　株式会社 新曜社
〒101-0051　東京都千代田区神田神保町2-10
電話(03)3264-4973・FAX(03)3239-2958
e-mail info@shin-yo-sha.co.jp
URL http://www.shin-yo-sha.co.jp/

印刷　銀　河　　Printed in Japan
製本　イマキ製本所

ISBN4-7885-0941-5　C1011

人名索引

事項索引

（ゴシックは，用語解説にある項目）

■た行

■な行

■は行

文　献

Ackoff, R.L. and Emshoff, J.R.（1975）Advertising research at Anheuser-Busch, Inc., *Sloan Management Review* 16, 1-15.

Adorno, T.W., Fremkel-Brunswik, G., Levinson, D.J. and Sanford, R.N.（1950）*The Authoritarian Personality*, New York: Harper.（アドルノ著／田中義久・矢沢修次郎・小林修一訳（1980）『権威主義的パーソナリティ』青木書店.）

Archibald, H.C.D., Long, D.M., Miller, C. and Tuddenham, R.D.（1963）Gross stress reactions in combat, *American Journal of Psychiatry* 119, 317.

Asch, S.E.（1955）Opinions and social pressure, *Scientific American* 193, 31-5.

Atkinson, R L., Atkinson, R.C., Smith, E.E., Bem, D.J., and Hilgard, E.J.（1990）*Introduction to Psychology*, 10th edn, San Diego, CA: Harcourt Brace Jovanovich.（リタ・L・アトキンソン, リチャード・C・アトキンソン, エドワード・E・スミス, ダリル・J・ベム, スーザン・ノーレン－ホークセマ著／内田一成監訳（2002）『ヒルガードの心理学』ブレーン出版. ただし第13版の訳で, 著者が一部異なる。）

Azibo, D.A. ya（ed.）（1996）*African Psychology in Historical Perspective and Related Commentary*, Trenton, NJ: Africa World Press.

Baggaley, J.（1991）Media health campaigns: not just what you say, but the way you say it, in World Health Organisation, *AIDS Prevention Through Health Promotion: Facing Sensitive Issues*, Geneva: World Health Organisation, 24-32.

Baron, R.A. and Byrne, D.（1991）*Social Psychology: Understanding Human Interactions*, 6th edn, Boston: Allyn & Bacon.

Bekerian, D.A. and Baddeley, A.D.（1980）Saturation advertising and the repetition effect, *Journal of Verbal Learning and Verbal Behaviour* 19, 17-

25.

Bramson, L. and Geothals, G.W.（eds）（1968）*War: Studies from Psychology, Sociology and Anthropology*, revised edn, New York: Basic Books.

Brean, H.（1958）What hidden sell is all about, *Life*, 31 March, 104-14.

Broverman, I.K., Broverman, D.M. and Clarkson, F.E.（1971）Sex-role stereotypes and clinical judgements of mental health, *Journal of Consulting and Clinical Psychiatry* 34, 1-7.

Cattell, R.B. and Butcher H.J.（1968）*The Prediction of Achievement and Creativity*, Indianapolis, IN: Bobbs-Merrill.

Chaiken, S. and Eagly, A.H.（1983）Communication modality as a determinant of persuasion: the role of communicator silence, *Journal of Personality and Social Psychology* 45, 241-56.

Clark, K, and Clark, M.（1947）Racial identification and preference in Negro Children. in T. M. Newcomb & E. L. Hartley（eds）, *Readings in Social Psychology*. New York: Holt, Rinehart & Winston.

Cohen, D.（1979）*J.B. Watson: The Founder of Behaviourism*, London: Routledge.

Coyne, J. and Gottlieb, B.（1996）The mismeasure of coping by checklist, *Journal of Personality* 64, 959-91.

Dawkins, R.（1976）*The Selfish Gene*, Harmondsworth: Penguin.（リチャード・ドーキンス著／日高敏隆他訳（1992）『利己的な遺伝子』紀伊国屋書店. ただし第2版の訳。初版の邦訳は『生物＝生存機械論――利己主義と利他主義の生物学』のタイトルで同社, 1980.）

Deau, K.（1984）From individual difference to social categories: analysis of a decade's research on gender, *American Psychologist* 39, 105-16.

Durbin, E.F.M. and Bowlby, J.（1938）Personal aggressiveness and war, in L. Bramson and G.W. Geothals（eds）, *War: Studies from Psychology, Sociology and Anthropology*, revised edn, New York: Basic Books, 1968, 81-104.

Eagle, R.（1989）Why are politicians so charismatic, *New Scientist* 2 October, 33-35.

Earley, P.C.（1989）Social loafing and collectivism: a comparison of United

States and the People's Republic of China, *Administrative Science Quarterly* 34, 565-81.

Ehrlich, D., Guttman, I., Schonback, P. and Mills, J.（1957）Postdecision exposure to relevant information, *Journal of Abnormal and Social Psychology* 54, 98-102.

Elliot, J.（1984）How advertising on milk bottles increased consumption of Kellogg's Corn Flakes, in S. Broadbent（ed.）, *Twenty Advertising Case Histories*, London: Holt, Rinehart, Winston, 228-36.

Engel, J.F., Blackwell R.D. and Miniard P.W.（1990）*Consumer Behaviour*, 6th edn, Chicago: The Dryden Press.

Eysenck, H.J.（1947）*Dimensions of Personality*, London: Routledge & Kegan Paul.

Ferguson, E. and Cox, T.（1997）The functional dimensions of coping scale: Theory reliability and validity, *British Journal of Health Psychology* 2, 109-29.

Festinger, L.（1957）*A Theory of Cognitive Dissonance*, New York: Harper and Row.（フェスティンガー著／末永俊郎監訳（1965）『認知的不協和の理論――社会心理学序説』誠信書房.）

Flynn, J.（1990）Explanation, evaluation and a rejoinder to Rushton, *The Psychologist* 5, 199-200.

Folkman, S. and Lazarus, R.（1990）Coping and emotion, in A. Monat and R. Lazarus, *Stress and Coping*, 3rd edn, New York: Columbia University Press.

Forer, B.R.（1949）The fallacy of personal validation: a classroom demonstration of gullibility, *Journal of Abnormal and Social Psychology* 44, 118-21.

Fox, S.（1984）*The Mirror Makers*, New York: William Morrow.

Freud, S.（[1933] 1985）'Why War?', in *Pelican Freud Library*, Vol.12, pp.349-62.（フロイド著／土井正徳・吉田正己訳（1974）『何故の戦争か』改訂版フロイド選集8, 日本教文社.）

――（[1933] 1973）The New Introductory Lectures on Psychoanalysis, Harmondsworth: Penguin.（フロイド著／古沢平作訳（1974）『続精神分析入門』改訂版フロイド選集3, 日本教文社.）

Furnham, A. and Varian, C.（1988）Predicting and accepting personality test scores, *Personality and Individual Differences* 9, 735-48.

Furumoto, L. and Scarborough, E.（1992）Placing women in the history of psychology: the first American women psychologists, in J.S. Bohan（ed.）, *Seldom Seen, Rarely Heard: Women's Place in Psychology*, Boulder, CO: Westview, 337-53.

Gilligan, C. and Attanucci, J.（1988）Two moral orientations: gender differences and similarities, *Merrill Palmer Quarterly* 34, 223-37.

Gilovich, T.（1981）Seeing the past in the present: the effects of associations to familiar events on judgements and decisions, *Journal of Personality and Social Psychology* 40, 797-808.

Gould S.J.（1978）Women's brains, *New Scientist* 2 November, 364-6.

——（1981）*The Mismeasure of Man*, Harmondsworth: Penguin.（スティーヴン・J・グールド著／鈴木善次・森脇靖子訳（1998）『人間の測りまちがい——差別の科学史』河出書房新社. ただし増補改訂版。初版の邦訳は同社, 1989.）

——（1982）A nation of morons, *New Scientist* 6 May, 349-52.

Gregory, W. and Burroughs, W.（1989）*Applied Psychology*, Glenview, IL: Scott Foresman.

Haney, C., Banks, C. and Zimbardo, P.（1979）A study of prisoners and guards in a simulated prison, *Naval Research Review* 30, 4-17.

Heyes, N.（1995）*Psychology in Perspective*, London: Macmillian.

Hearnshaw, L.（1979）*Cyril Bart, Psychologist*, Ithaca, NY: Cornell University Press.

Heather, N.（1976）*Radical Perspectives in Psychology*, London: Methuen.

Herrnstein, R.J.（1973）*I.Q. in the Meritocracy*, London: Allen Lane.

Hewston, M., Stroebe, W., Codol, J.P., and Stephenson, G.（1988）*Introduction to Social Psychology: A European Perspective*, Oxford: Blackwell.（ヒューストン他編／末永俊郎・安藤清志監訳（1994-95）『社会心理学概論——ヨーロピアン・パースペクティブ１・２』誠信書房.）

Hitler, A.（1925）*Mein Kampf*, trans. E.T.S. Dugdale, Cambridge, MA: Riverside.（アドルフ・ヒトラー著／平野一郎・将積茂訳（2001）『わが闘争——完訳』上・下, 角川書店.）

Hodgkinson, P.E. and Stewart, M.（1991）*Coping with Catastrophe*, London: Routledge.

Horowitz, I.A. and Kaye, R. S.（1975）Perception and advertising, *Journal of Advertising Research* 15, 15-21.

Hovland, C.I., Janis, I.L. and Kelly, H.H.（1949）*Communication and Persuasion*, New Haven, CT: Yale University Press.（ホヴランド他著／辻正三・今井省吾訳（1960）『コミュニケーションと説得』誠信書房.）

Hovland, C.I., Lunsdaine, A.A. and Sheffield, F.D.（1949）*Studies in Social Psychology in World War II*, vol. 3, *Experiments in Mass Communication*, Princeton, NJ: Princeton University Press.

Howitt, D.（1991）*Concerning Psychology: Psychology Applied to Social Issues*, Milton Keynes: Open University Press.

Hunt, N.（1997）Trauma of war, *The Psychologist* 10, 357-60.

James, W.（1910）The moral equivalent of war, in L. Bramson and G.W. Geothals（eds）, *War: Studies from Psychology, Sociology and Anthropology*, revised edn, New York: Basic Books, 1968, 21-31.（今田恵訳（1959）「戦争の道徳的等価物」『世界大思想全集15』河出書房新社, 379-388 に収録.）

Janis, I. and Feshbach, S.（1953）Effects of fear-arousing communications, *Journal of Abnormal and Social Psychology* 48, 78-92.

Jones, J.M.（1991）Psychological models of race: what have they been and what should they be? In J.D. Goodchilds（ed.）, *Psychological Perspectives on Human Diversity in America*, Washington: American Psychological Association, 3-45.

Kamin, L.J.（1977）*The Science and Politics of IQ*, Harmondsworth: Penguin.（L・J・カミン著／岩井勇児訳（1977）『ＩＱの科学と政治』黎明書房.）

Kapferer, J.N.（1989）A mass poisoning rumour in Europe, *Public Opinion Quarterly* 53, 467-81.

Kaplan, R.M. and Saccuzzo, D.P.（1993）*Psychological Testing: Principles, Applications and Issues*, Pacific Grove, CA: Brooks/Cole.

Keller, K.L.（1987）Memory factors in advertising: the effect of advertising retrieval cues on brand evaluations, *Journal of Consumer Research* 14, 316-33.

Kitzinger C.（1998）Challenging gender biases: feminist psychology at work,

Psychology Review 4, 18-20.

Kline, P.（1991）*Intelligence: The Psychometric View*, London: Routledge.

——（1993）*The Handbook of Psychological Testing*, London: Routledge.

Kohlberg, L.（1968）The child as a moral philosopher: psychology today, in D. Krebs（ed.）, *Readings in Social Psychology*, 2nd edn, London: Harper Collins, 1968.

Lashley, K. and Watson, J.B.（1921）A psychological study of motion pictures in relation to venereal disease, *Social Hygiene* 7, 181-219.

Latané, B., Williams, K. and Harkins, S.（1979）Many hands make light the work: causes and consequences of social loafing, *Journal of Personality and Social Psychology* 37, 822-32.

LeVine, R.A. and Campbell, D.T.（1972）*Ethnocentrism: Theories of Conflict, Ethnic Attitudes and Group Behaviour*, New York: Willey.

Lindzey, G. and Aronson, E.（1985）*Handbook of Social Psychology*, 3rd edn, New York: Random House, vol.2.

Lifton, R.J.（1961）*Thought Reform and the Psychology of Totalism: A Study of 'Brainwashing' in China*, London: Victor Gollancz.（ロバート・J・リフトン著／小野泰博訳（1979）『思想改造の心理——中国における洗脳の研究』誠信書房.）

Maccoby, E.E. and Jacklin, C.（1974）*The Psychology of Sex Differences*, Stanford, CA: Stanford University Press.

MaCullough, M.（1988）Are we secret racists? *The Psychologist* 3, 445-7.

Manheim, J.B.（1993）The war of images: strategic communication in the gulf conflict, in S. Renshon（ed.）, *The Political Psychology of the Gulf War*, Pittsburgh, PA: Pittsburgh University Press, 155-79.

Mark L.S., Warm, J.S. and Huston, R.L.（1987）*Ergonomics and Human Factors: Recent Research*, New York: Springer-Verlag.

Mathur, M. and Chattopadhyay, A.（1991）The impact of moods generated by television programs on responses to advertising, *Psychology and Marketing* 8, 59-77.

Matsumoto, D.（1994）*People: Psychology From a Cultural Perspective*, Pacific Grove, CA: Brooks/Cole.

McCrae, R.R. and Costa, P.T., Jr（1985）Updating Norman's 'adequate taxon-

omy': intelligence and personality dimensions in natural language and in questionnaires, *Journal of Personality and Social Psychology* 49, 710-21.

McDougall, W.（1915）*An Introduction to Social Psychology*, London: Methuen.（ウィリアム・マクドーガル著／宮崎市八訳（1925）『社会心理学概論』アテネ書院.）

McGuire, W.J.（1964）Inducing resistance to persuasion: some contemporary approaches, in L. Berkowitz（ed.）, *Advances in Experimental Social Psychology*, vol.1, New York: Academic Press.

——（1973）Persuasion, resistance and attitude change, in I. Pool *et al.*（eds）, *Handbook of Communication*, Skokie, IL: Rand McNally, 216-52.

——（1985）Attitudes and attitude change, in G. Lindzey and E. Arronson（eds）, *Handbool of Social Psychology*, New York: Random House.

Mead, M.（1940）Warfare is only an invention—not a biological necessity, in L. Bramson and G.W. Geothals（eds）, *War: Studies from Psychology, Sociology and Anthropology*, revised edn, New York: Basic Books, 1968, 269-74.

Milgram, S.（1963）Behavioural study of obedience, *Journal of Abnormal and Social Psychology* 67, 371-78.

Miller, G.（1969）Psychology as a means of promoting human welfare. *American Psychologist* 24, 1963-75.

Milliman, R.（1982）Using background music to affect the behaviour of supermarket shoppers, *Journal of Marketing* 46, 86-91.

Moghaddam, F.M., Taylor, D.M. and Wright, S.C.（1993）*Social Psychology in Cross-Cultural Perspective*, New York: W.H. Freeman.

Mullen, B. and Johnson, C.（1990）*The Psychology of Consumer Behaviour*, New Jersey: Lawrence Erlbaum Associates.

Myers, J.H. and Reynolds, W.H.（1967）*Consumer Behaviour and Marketing Management*, Boston, MA: Houghton-Mifflin.

Nobles, W.（1976）Extended self: rethinking the so-called Negro self-concept, *Journal of Black Psychology* 2, 15-24.

Olney, T.J., Holbrook, M.B. and Batra, R.（1991）Consumer responses to advertising: the effects of ad content, emotions and attitude towards the ad on viewing time, *Journal of Consumer Research* 17, 440-51.

Orne, M.T.（1962）On the social psychology of the psychological experiment: with particular reference to demand characteristics and their implications, *American Psychologist* 17, 776-83.

Pendergrast, M.（1993）*For God, Country and Coca-Cola*, London: Weidenfeld.（マーク・ペンダグラスト著／古賀林幸訳（1993）『コカ・コーラ帝国の興亡——100年の商魂と生き残り戦略』徳間書店.）

Petty, R.E., Cacioppo, J.T. and Schumann, D.（1983）Central and peripheral routes to advertising effectiveness: the moderating role of involvement, *Journal of Consumer Research* 10, 134-48.

Pilger, J.（1975）*The Last Day*, London: Mirror Group Books.

——（1989）*Heroes*, London: Pan.

Pratkanis, A.R. and Aronson, E.（1992）*Age of Propaganda: The Everyday Use and Abuse of Persuasion*, New York: W.H. Freeman.（A・プラトカニス，E・アロンソン著／社会行動研究会訳（1998）『プロパガンダ——広告・政治宣伝のからくりを見抜く』誠信書房.）

Pratkanis, A.R., Greenwald, A.G., Leippe, M.R. and Baumgardner, M.H.（1988）In search of reliable persuasion effects: III. The sleeper effect is dead. Long live the sleeper effect, *Journal of Personality and Social Psychology* 54, 203-18.

Qualls, W.J. and Moor, D.J.（1990）'Stereotyping' effects on consumers' evaluation of advertising: effects of racial differences between actors and viewed, *Psychology and Marketing* 7, 135-51.

Reardon, K.K.（1991）*Persuasion in Practice*, London: Sage.

Renshon, S.A.（ed.）（1993）*The Political Psychology of the Gulf War*, Pittsburgh: Pittsburgh University Press.

Richards, G.（1998）The case of psychology and 'race', *The Psychologist* 11, 179-81.

Ries, A. and Trout, J.（1981）*Positioning: The Battle for Your Mind*, New York: McGraw-Hill.（アル・ライズ，ジャック・トラウト著／嶋村和恵・西田俊子訳（1987）『ポジショニング——情報過多社会を制する新しい発想』電通.）

Rose, S., Kamin, L.J. and Lewontin, R.C.（1984）*Not in Our Genes*, Harmondsworth: Penguin.

Rosenthal, R. and Jacobson, L.（1968）Teachers' expectancies: determinates of pupils' I.Q. gains, *Psychological Reports* 19, 115-18.

Rushton, J.（1990）Race differences, r/K theory and a reply to Flynn, *The Psychologist* 5, 195-98.

Schrank, J.（1977）*Snap, Crackle and Popular Taste*, New York: Dell.

Sears, D.（1986）College sophomores in the laboratory: influences of a narrow data base on psychology's view of human nature, *Journal of Personality and Social Psychology* 51, 515-30.

Seaver, W.B.（1973）The effect of naturally induced teacher expectancies, *Journal of Personality and Social Psychology* 28, 333-42.

Shallice, T.（1972）The Ulster depth interrogation techniques and their relation to sensory deprivation research, *Cognition* 1, 385-405.

Sherif, M.（1956）Experiments in group conflict, *Scientific American* 195, 54-8.

Shevlin, M.E.（1995）An exploratory and theoretical examination of measurement: reliability, assessment and control, Ph.D thesis, University of Ulster.

Shevlin, M.E. and Miles, J.（1998）Cronbach's Alpha: not always a lower-bound estimate of reliability, *Northern Ireland Branch of the British Psychological Society*, Carricart, Co. Donegal.

Shields, S.（1978）Sex and the biased scientist, *New Scientist* 7 December, 752-4.

Shils, E.A. and Janowittz, M.（1948）The impact of propaganda on Wehrmacht solidarity, in H. Brown and R. Stevens（eds）, *Social Behaviour and Experience: Multiple Perspectives*, London: Hodder & Stoughton, 1975.

Shotter, J.（1975）*Images of Man in Psychological Research*, London: Methuen.

Sigel, R.S.（1964）Effect of partisanship on the perception of political candidates, *Public Opinion Quarterly* 28, 488-96.

Skinner, B.F.（1960）Pigeons in a pelican, *American Psychologist* 15, 28-37.

——（1972）*Beyond Freedom and Dignity*, Harmondsworth: Penguin.（B・F・スキナー著／波多野進・加藤秀俊訳（1972）『自由への挑戦——行動工学入門』番町書房.）

Smith, P.B. and Bond, M.H.（1993）*Social Psychology Across Cultures: Analysis and Perspectives*, London: Harvester Wheatsheaf.（P・B・スミス，M・H・ボンド著／笹尾敏明・磯崎三喜年訳（2003）『グローバル化時代の社会心理学』北大路書房.）

Soden, M. and Stewart, M.（1984）The repositioning of Lucozade, in S. Broadbent（ed.）, *Twenty Advertising Case Histories*, Eastbourne: Holt, Rinehart, Winston.

Stayman, D.R. and Batra, R.（1991）Encoding and retrieval of ad affects in memory, *Journal of Marketing Research* 28, 232-9.

Storr, A.（1968）*Human Aggression*, Harmondsworth: Penguin.（アンソニー・ストー著／高橋哲郎訳（1973）『人間の攻撃心』晶文社.）

Swank, R.（1949）Combat exhaustion, *Journal of Nervous and Mental Disorders* 9, 369-76.

Tajfel, H.（1970）Experiments in intergroup discrimination, *Scientific American* 223, 96-102.

Tavis, C.（1991）The mismeasure of women: paradoxes and perspectives in the study of gender, in J.D. Goodchilds（ed.）, *Psychological Perspectives on Human Diversity in America*, Washington, D.C.: American Psychological Association, 87-135.

Taylor, A.J.P.（1963）*The First World War: An Illustrated History*, Harmondsworth: Penguin.（A・J・P・テイラー著／倉田稔訳（1980）『第一次世界大戦——目で見る戦史』新評論.）

Thompson, G.E.（1984）Post-it notes click thanks to entrepreneurial spirit, *Marketing News* 18, 21-3.

Thompson, J.（1985）*Psychological Aspects of Nuclear War*, Leicester: BPS Books.（ジェイムズ・トンプソン編著／黒沢満訳（1988）『核戦争の心理学』西村書店.）

Turnbull, C.M.（1961）*The Forest People*, New York: Simon & Schuster.（コリン・M・ターンブル著／藤川玄人訳（1976）『森の民』筑摩書房.）

Watson, J.B.（1913）Psychology as the behaviourist views it, *Psychological Review* 20, 158-78.

——（1930）*Behaviourism*, revised edn, New York: Harpers.（J・B・ワトソン著／安田一郎訳（1980）『行動主義の心理学』河出書房新社.）

Watson, P.（1980）*War on the Mind: The Military Uses and Abuses of Psychology*, London: Penguin.

Waugh, M.J.（1997）Keeping the home fires burning, *The Psychologist* 10, 361-3.

Wayne S.J.（1993）President Bush goes to war: a psychological interpretation from a distance, in S. Renshon（ed.）, *The Political Psychology of the Gulf War*, Pittsburgh: Pittsburgh University Press, 29-47.

Weisstein, N.（1992）Psychology constructs the female, or the fantasy life of the male psychologist（with some attention to the fantasies of his friends the male biologist and the anthropologist）, in J.S. Bohan（ed.）, *Seldom Seen, Rarely Heard: Women's Place in Psychology*, Boulder, CO: Westview, 61-78.

White, H（1980）Name change to Rusty Jones helps polish product's identity, *Advertising Age* 18 February, 47-8.

Williams, J.H.（1987）*Psychology of Women*, 3rd edn, New York: Norton.

Wilson, E.O.（1975）*Sociobiology: The New Synthesis*, Cambridge, MA: Harvard University Press.（エドワード・O・ウィルソン著／伊藤嘉昭監訳（1999）『社会生物学』新思索社.）

Windle, C. and Vallance, T.（1964）The future of military psychology: paramilitary psychology, *American Psychologist* 19, 119-129.

Zimbardo, P.G. and Leippe, M.R.（1991）*The Psychology of Attitude Change and Social Influence*, New York: McGraw-Hill.

用語解説

以下の用語は本文中で最初に現れた際に，ゴシック体で強調してある。

アイゼンク人格目録　Eysenck Personality Inventory, EPI　神経症的傾向と外向性を測定する心理尺度。

アイデンティティ　identity　自分がどんな人なのかについて人がもっている感覚。

アルファ係数（クロンバックのアルファ）　Coefficient Alpha; Cronbach's Alpha　信頼性を評価するのに使われる統計量のひとつ。

暗黙の人種差別　implicit racism　判断や振る舞い方に現れる無意識のバイアス。

意見　opinions　一般に，態度の同義語として使われる。

遺伝　genetic　先祖から生物として受け継ぐこと。

遺伝率　heritability　この統計量は，与えられた母集団内の変動がどれだけ遺伝要因によるのかを見積もる。

異文化間研究　cross-cultural studies　人間の心理現象を複数の文化的背景という観点から調べる研究。

因子分析　factor analysis　統計学的分析法のひとつで，データ間の相関関係を調べる。それぞれが1つの共通因子に関係する主要なデータのグループを決めるために使われる。

氏か育ちか論争　nature-nurture debates　ある与えられた心理的能力が生得的なものかそれとも経験を通して学習されたものかに関する，1950年代に人気のあった，かなり要領を得なかった理論上の論争。

エスノセントリズム　ethnocentrism　行動の一症候群。(a) 外集団の産物を過小評価する傾向，(b) 外集団のメンバーに対する強い拒否と敵意，(c) 内集団の産物を過大評価する傾向，(d)（同調と集団のまとまりへの圧力を伴う）内集団のメンバーへの強い好意。

エフェクトサイズ　effect size　心理学者が実験状況における被験者のパフォーマンスの有意差を見つけたとき，「効果があった」と言う。差が大きいほどエフェクトサイズは大きくなる。

応諾　compliance　他人と協調する（つまり同調する）過程であるが，個人的レベルではその人の考えを受け入れてはいない。

オペラント条件づけ　operant conditioning　B・F・スキナーによって確認された学習の過程。動物や人間の行動の正の強化や負の強化の結果，学習が生じる。

外向性　extroversion　社交的な行動に向かう全体的な傾向。

外集団　out-group　そこには所属していないとあなた自信が定義している集団。

外傷後ストレス障害　post-traumatic stress disorder, PTSD　人間が経験する通常範囲の苦痛を超える破滅的な出来事を伴う経験の結果起きる不安障害で，(a) 周囲に対して無感覚，(b) 夢や記憶でトラウマを追体験する，(c) 不安の症状，によって特徴づけられる。

科学的人種差別　scientific racism　ある人間集団が他の集団に対してもつ力を増すために，ニセの科学的主張を使うこと。

学習　learning　環境的な経験の結果生じる行動の変化，ないしは行動の可能性。疲労や薬物や傷害といった要因の結果生じるものは学習とは言わない。

学習性無力感　learned helplessness　ある状況で受動的な犠牲者の役割を強いられる経験は他の状況にも広がる可能性があるので，そのような経験をもつ人間や動物は努力が有効なときでも不快な状況で自分を助ける努力をしない様子。

学習理論　learning theory　学習をすべて，古典的条件付けとオペラント条件づけの観点から考える行動主義アプローチ。

カテゴライゼーション　categorisation　社会的アイデンティフィケーションの過程における最初の段階で，他の人たちを社会的カテゴリーや集団にグルーピングすることを含む。そのようなカテゴライゼーションは最小の基準にもとづくものであっても，それ自体が内集団をひいきにする強いバイアスをもたらすことがあることを，調査は示している。

感覚遮断　sensory deprivation　入ってくるすべての感覚情報を取り除くこと，ないしは少なくとも可能な限り取り除くこと。

感情の　affective　態度の感情的要素のように，感情や情動に関係すること。

基準妥当性　criterion validity　ある心理テストを他の測定法と比較することによってそれに妥当性があるか（つまり，測定していると仮定されているものを本当に測定しているか）を評価する方法。他の測定法がオリジナルなものとしてほぼ同時に測定されるなら，適用された基準妥当性のタイプは併存的妥当性である。かなり後に実施されるならそれは予測的妥当性である。

帰属　attribution　なぜそのことが起こったのかに理由を与える過程。

帰属理論　attribution theory　人が他者の行動に意図や意味をどのように割り当てるのかを検討することによる社会的知覚の説明。

期待効果　expectancy effect　ある人が他の人に期待をもつだけでその人の行動に影響を与えることができる様子を述べる名称。たとえば，ある学童への低い期待が実際にその子の悪い成績に貢献しているということがあるかもしれない。

強化　reinforcement　ある行動が同様の状況で再び起こる確率を増やすもの。この用語は通常，オペラント条件づけや古典的条件づけを通して獲得される学習性の連合に使われるが，他の形式の学習にも適用されることがある。

傾向性帰属　dispositional attribution　ある特定の行動の原因が状況の要求するものではなく，その人自身のパーソナリティや特徴の結果と考えられてしまう場合のこと。

権威主義的パーソナリティ　authoritarian personality　アドルノによって見出された同時に現れる諸特徴の集まりで，道徳や社会問題への硬直した取り組みを意味する。

検索手がかり　retrieval cues　出来事や大量のデータの想起を誘発することができるわずかな情報。

攻撃性　aggression　さまざまに使われる用語だが，一般には他者に対する否定的ないし敵意のある行動や感情を述べるのに使われる。

交互作用　interaction effect　少なくとも2つの独立変数が同時に被験者の行動に作用した結果のこと。

構成概念妥当性　construct validity　ある心理テストが測定していると仮定されているものについての理論的アイディアに，そのテストがどれだけ合っているかを調べることによって，そのテストに妥当性があるか（つまり，

測定していると仮定されているものを本当に測定しているか）を評価する方法。

後天性免疫不全症候群（エイズ）　Acquired Immune Deficiency Syndrome, AIDS　免疫系を攻撃するウイルスによって引き起こされるとかなり強く考えられている感染症。ウイルスの攻撃によって宿主は，以前なら健康な免疫系によって制御されていたさまざまな病気に対して脆弱にされる。

行動主義　behaviourism　還元主義派の思想のひとつで，目に見える行動の観察と記述が人間を理解するために必要なことのすべてと考え，また**刺激**と反応の操作が人間の行動を変えるのに必要なことのすべてと考える。換言すれば行動主義は，人間の経験の認知的次元，個人的次元，その他の次元の意義や重要性の否定からなる。

行動のシェイピング　behaviour shaping　オペラント条件づけ，すなわち学習された反応に自然に生ずるさまざまなバリエーションのうち，あるものを選択的に強化することによって，新奇な行動が生み出される過程。

行動療法　behaviour therapy　症状だけを見て，そして行動を変容する条件づけ技法を用いることによって，問題行動を治療する過程。

交絡変数　confounding variable　従属変数の変化を引き起こすが，その研究の独立変数ではない変数。

古典的条件づけ　classical conditioning　ひとつの中立的な刺激をひとつの反応に組み合わせることを伴う学習の一形式。

コーピング　coping　負担がかかっているとか手持ちの方策を上回ると受け止められている外的・内的要求をうまく処理する過程。

最小条件集団パラダイム　minimal group paradigm　社会的同一化の研究法で，見かけの特徴ないしは最小限の特徴（たとえばコイン投げで）にもとづいて社会心理学実験室で人工的な集団を作り，続いてその結果生じる内集団と外集団の効果を調べることを含む。

再テスト法　test-retest method　心理テストや測定法にどれだけ信頼性があるかを判断する手順で，2回の別の機会に同じテストを同じ人たちに実施して結果を比較することを伴う。

サブリミナル知覚　subliminal perception　意識的な水準より下での感覚情報の登録と処理。

差別　discrimination　偏見が行動に現れたもの。

g　「一般知能（general intelligence）」の略字。さまざまなタイプの心の働

きすべての基礎となると仮定されている一種の知能で，才能や適性といったより特異的なタイプとは対照的である。心理学上の汚点のひとつでもある。

ジェンダー　gender　男性と女性のどちらかであるとの内的感覚。

刺激　stimulus　有機体が反応する外部環境の出来事。

自己概念　self-concept　自分がどのような者であるかについて人がもっている概念ないし内的イメージ。評価的次元と記述的次元の両方を含む。

自己効力の信念　self-efficacy beliefs　何かをうまくやれるという信念。自己効力感は，コントロールできるとかできそうだという感覚をもつことが自信を増大させるという点で，自尊感情と密接な関係がある。しかし，人はある能力や生活上のある領域については自信があり，他のものにはないことがままあるので，この概念は自尊感情という漠然とした概念よりも役に立つとしばしば考えられている。

自己充足的予言　self-fulfilling prophecy　ある人や集団についての期待を口にするだけで本当になることがあるという概念。

自己中心性　egocentrism　他の人が取りうる観点を除外してあなた自身の個人的観点から物事を見る傾向。

自己報告式　self-report　一般に使われている研究法の多くは，質問紙，インタビュー，態度尺度，日記法といった自己報告にもとづいている。これらは研究対象の自分自身の経験と行動についての報告に頼る方法である。

自尊感情　self-esteem　自己概念の評価的次元で，人が自分自身についてどれだけ価値があると感じているか，あるいは自信があると感じているかに関係している。

実験　experiment　因果関係を見つけるために諸変数が操作される，研究の一形式。

実験者効果　experimenter effects　心理学研究において望まれていない影響力で，研究を行っている人によって意識的にあるいは無意識的にもたらされる。

質的データ　qualitative data　度数の総計のように行動に数値を与えるのではなく，意味や経験を表すデータ。

シミュレーション　simulation　参加者がある特定の状況や行動パターンを実演する研究方法。

社会規範　social norms　社会的ないし文化的に認められている行動の基準

で，ある状況で人はどう振る舞う「べき」で何が「普通」(適切，とも言う）かが示された時に認められるようになる。

社会生物学　sociobiology　進化論を背景にして社会行動を説明する試み。証拠としては，アリや，ゴアのブルー・バラックト・テナガザルのような例外的な特徴をもつ一般には知られていない種に，かなり頼っている。

従属変数　dependent variable　実験において測定されるもので，独立変数に従って変化する。

集団　group　心理学では通常，3人以上の人がいることを言う。

集団間競争　intergroup rivalry　異なる社会集団間の競争のことで，しばしば強烈な敵意をもたらすことがある。

状況的帰属　situational attribution その時のその人の状況や事情の結果ある行動や行為が起こったことを意味する，行動や行為への理由づけ。

植民地主義　colonialism　ひとつの国や文化が他の国や文化を支配するという政治的圧迫。特に支配された文化から資源を取ったり，支配された文化を利用する権利があると信じたり，支配された文化の外側に権力基盤がある場合の政治的圧迫のこと。

進化　evolution　自然選択の過程を通した身体的形状および行動の変化。

人種　race　一般には白人とか黒人等のような人々の集団を言うのに使われる。こうした集団間の違いには遺伝的要素があることをそれは含意しているが，「人種」の用語は生物学的妥当性をもたないことを研究が示しているので，それは政治的概念と評するのが適切である。

人種差別　racism　世の中に浸透している人種ないし人々の間の力の不均衡を利用して，支配されている人たちの経験や行動や願いの価値を下げることによって彼／彼女らを抑圧すること。

信頼性　reliability　(テストや尺度のような）心理学的測定の道具の信頼性とは，整合性のある測定をもたらす程度のことである。測定において整合性が大きいほどその道具の信頼性が高くなる。

心理学　psychology　経験と行動の科学的研究。広範な方法を使い，そして経験の多様な側面と水準に焦点を当てた経験と行動についての体系的な諸研究をまとめたのが心理学である。

心理テスト　psychometric test　心の特徴を測定するために開発された道具。心理テストは広範な事柄を測定するために開発されたが，それらには，創造性，職業に関する態度と技能，脳損傷，そしてもちろん「知能」が含ま

れる。

推論　inference　知っている以上のことを知的に推測すること。

スリーパー効果　sleeper effect　人は最初内容よりメッセージの送り手に影響されるが，時が経つとメッセージの送り手は忘れられて内容がより大きな影響力をもつようになること。

性格類型　personality type　たとえば外向型のように，人を狭いステレオタイプに分類する際の見本。

性差　sex differences　女性と男性の違いの証拠を提供する膨大な量の心理学的研究が存在している。

性差別　sexism　世間に浸透している男女間の力の不均衡を利用して，女性の経験や行動や願いの価値を下げることによって女性を抑圧すること。

生態学的妥当性　ecological validity　ある測定法やテストにどれだけ妥当性があるか（つまり，測定していると仮定されているものを本当に測定しているか）を評価する方法のひとつで，測定法やテストが現実の日常世界において対応するものに実際に似ているかに関係している。換言すれば，本当に現実的かどうかということである。

生得的　innate　すでに遺伝的にプログラムされていること。

戦争　war　何のためになるんだろう！　統治と領土の支配ないしは資源の支配という理由で，人間集団を組織し，ときには諸国を組織して，他の人間集団を攻撃すること。

相関　correlation　2つかそれ以上の変数が互にどれだけ強く関連しているかを示す量。

相関係数　correlation coefficient　－1と＋1の間にある数字で，相関がどれだけ強いかを表す。この数字が0に近いなら2つの変数の間には実質的な関係がない。＋1に近いなら正の相関があり（換言すれば，1つの変数が大きいとき他の変数も大きい傾向がある），－1に近いなら負の相関がある（換言すれば，1つの変数が大きいとき他の変数が小さい傾向がある）。

対人的　interpersonal　文字どおり「人と人の間」のこと。この用語は少なくともふたりの人が何らかの方法で互に影響し合うことを伴う行為や状況を述べるのに使われる。

態度　attitude　人や物や行為に対する比較的安定した見解。認知的要素（理解や信念）と情緒的要素（肯定的・否定的感情）を含む。

妥当性　validity　心理テストや心理学的測定法が測っていると仮定されているものを本当に測っているのかという問題。

多様性仮説　variability hypothesis　簡単に言うとこれは，多くの心理学的測定法において男性の得点の範囲は女性のよりも広いことを言う。

知覚　perception　感覚情報を脳が組織立て解釈する過程。

知能　intelligence　個人についての推測された特徴のひとつで，通常は経験を役立て，知識を得，抽象的に考え，また環境の変化に適応する能力として定義される。

知能指数　Intelligence Quotient, IQ　ある人は人の知能のレベルを示していると考え，またある人は知能テストをどれだけうまくやったかを示していると考える数字。

DSM-Ⅳ　アメリカ精神医学会が作った『精神疾患の診断・統計マニュアル』の第4版で，1994年に出版された。

統制群　control group　実験群との比較のために使われる集団。

同調　conformity　他人と協調する過程，つまり他人がするのと同じように振る舞う過程。

道徳性の発達　moral development　何が「正しく」何が「悪い」かの判断に関わる子どもと大人の道徳的理由づけの発達。

同胞　siblings　兄弟姉妹。

特性　trait　パーソナリティの特定の一面。

独立変数　independent variable　実験においてある結果をもたらすために実験者が組む諸条件。変化についての結論を実験者が引き出すことができるように，それらは体系的に変えられる。

内集団　in-group　あなた自身が所属していると定義する集団。

内的　intra-　語の前につける接頭辞として「内側」を意味する。

内的帰属　internal attribution　ある行動や振る舞い方がその人の内側にある資源によって，つまり性質やパーソナリティや意図によってもたらされたという判断。傾向性帰属としても知られている。

内的整合性　internal consistency　あるテストが内的に整合しているなら，そのテストの諸項目は実際に同じもの（あるいは同種のもの）を測定している。これが必ずしも測定しようとしているものを測定していることを意味しているのではないことには気をつけるように。この点で内的整合性は妥当性よりも信頼性に関係がある。

仲間集団　peer group　関係する人と同等であるとかその人に似ていると見なされる人たちの集団。

人間工学者　ergonomists　機械を人間に合わせようとしている心理学者。

人間の本性　human nature　私たちの種を定めている行動上の特徴。

認知　cognition　心的過程。認知には，知覚，記憶，思考，理由づけ，言語，それにいくつかのタイプの学習が含まれる。

認知的不協和　cognitive dissonance　認知的不均衡によって，すなわち互いにまったく矛盾した信念を抱くか行動とまったく矛盾した信念を抱くことによって生じる緊張。認知的不協和の減少がある種の態度変容の要因であることが示されてきた。

ネオテニー　neoteny　進化によって進展した幼児期の延長。

能力　ability　パフォーマンステストから推測された，その人のできること。

能力テスト　ability tests　ある人が将来何ができるかではなく，すでに何ができるかを測定するためにつくられた心理テスト。

パーソナリティ　personality　個人を特徴づける行動や思考，動機，感情の独特な，しかも比較的安定したパターン。

バーナム効果　Barnum Effect　個人のパーソナリティについて慎重に表現された記述はそれが十分に広く一般的な語で示されるなら，しばしば妥当なものとして無批判に受け入れられるものであることを述べる用語。

パフォーマンス　performance　心理テストによって測定される変数で，能力，つまりできることを推測するために使われる。

反応性　reactivity　研究対象者の行動が研究手続きのある面によって，影響される可能性がある様子を述べるのに使われる用語。もっとも一般的には，観察されている誰かの行動が観察されていることを知ることによって影響される様子を述べるのに使われる。

ヒト免疫不全ウイルス　Human Immunodeficiency Virus, HIV　ヒト免疫不全ウイルスは免疫系を攻撃することによってエイズを引き起こすと考えられているウイルスである。

否認　denial　コーピング方略ないしフロイト流の防衛機制のひとつで，苦しみを与える事実をないことにすること。

標準化　standardisation　(a) ある心理学的研究や心理テストの条件が常に同じであることを確かめる過程，(b) **母集団標準**を作成することである心理テストの結果がある母集団内で通常どのようになるのかを確証する

過程，(c) 新しい心理テストを同じ事柄についての古くからあるより確立された測定法と比較する過程。

標準偏差　standard deviation　データのばらつきを測定したもの。

標本　sample　研究において使われる被験者（体）の集団。ある母集団について研究するためにその中から選ばれた人や動物や植物や物。

表面的妥当性　face validity　あるテストあるいは測定法が，それが測ると仮定されているものを，うわべではあたかも測っているかのように見えるかどうか。

ファクトイド　factoids　「雑誌や新聞に現われる前には存在しなかった事実」(ノーマン・メイラー，Pratkanis and Aronson, 1992, p. 71 から引用)

フィードバック　feedback　ひとつの課題や一群の課題へのパフォーマンスの効果について知ること。フィードバックはほとんどの学習において必須であり，即時になされるときにより効果がある。

フェミニズム的研究　feminist research　メアリー・ガーゲン（Gergen, 1988) はフェミニズム的研究の主要なテーマとして以下をあげている。(1) 実験者と被験者の相互依存性に気づくこと，(2) 被験者あるいは実験者を社会的・歴史的状況から引きはがすのを避けること，(3) 研究状況での人のもつ価値観の性質に気づき，またそれを明らかにすること，(4) 事実はそれを生み出す者の言語コードから独立しては存在しないことを認めること，(5) 科学者の役割から神秘的要素を取り除き，科学的知識の生産者と消費者の間に平等主義的な関係を築くこと。

服従　obedience　他者，通常は権威のある地位にいる人の要求に従うこと。

不協和　dissonance　→ **認知的不協和** を参照。

プロパガンダ　propaganda　感情と態度を変えることをもくろむ情報（表2 - 1参照)。

文化剥奪　cultural deprivation　ある階層のメンバーにおける教育上の失敗を説明するのに使われてきた構成概念。

併存的妥当性　concurrent validity　ある心理テストを同時に行われた他の測定法と比較することによって（つまり，2つは併存している)，そのテストに妥当性があるか（つまり，測定していると仮定されているものを本当に測定しているか）を評価する方法。

偏見　prejudice　固定した，所定の態度で，通常は否定的で敵意がある。そして普通は特定の社会的カテゴリーのメンバーに向けられる。

母集団　population　心理学の文脈では，標本が抜き出される可能性のある観察結果の全体を言う。

母集団標準　population norms　特定の母集団（たとえば18から24歳の女性）についての一組の得点で，特定の心理テストや測定法に関してその母集団の標準的な得点の範囲を定める。母集団標準の表は，ある個人のテスト結果が母集団にとって典型的かどうかを判断するのに使われる。

無意識の心　unconscious mind　私たちの意識の及ばない心の部分。

無作為抽出　random sample　定められた母集団の全員が選ばれる機会が平等になるように標本を選ぶ方法。

模倣　imitation　他の誰かの行動や特別な振る舞い方を真似すること。

模倣効果　imitation effect　比較的少数の人が新製品を採用し，受け入れ，流行にする場合，それに続いて他の人たちによって模倣されることを述べる，消費者心理学で使われる用語。

役割　role　社会の中で人が演じる社会的な役目。

有色人種　people of colour　白人でもヨーロッパ人でもない人たちを言うのに（おもにアメリカで）使われる用語。黒人以外にアジア出身者やヒスパニックを含むために使われる。

優生学　eugenics　「望ましくない者たち」がその劣っていると一般に信じられている遺伝子を伝えることができなくするために，繁殖のための血統からそうした人たちを除くことで人種を改良することができるという政治的アイディア。強制的な断種を支持する優生学者がいる一方で，大量殺人やジェノサイドを好んでいると思われる優生学者もいる。

要求特性　demand characteristics　心理学研究（あるいは他の人工的状況）には期待されているように振る舞うよう人に暗黙の圧力を行使するといった面があるということ。

抑圧　repression　望んでいない思考や感情を意識的なところから無意識的なところへ押し込むコーピング方略。

予測的妥当性　predictive validity　ある心理テストをそれが行われた後に実施された他の測定法とどれだけ相関するか調べることで，その心理テストに妥当性があるか（つまり，測定していると仮定されているものを本当に測定しているか）を評価する方法。

ヨーロッパ中心的　Eurocentric　ヨーロッパを人間社会における唯一の中心的な文化であるとみなし，ヨーロッパと比べて他のすべての文化を否定

的にとらえる傾向。

リッカート尺度　Likert scale　質問紙研究と態度調査で，対象者が閉じた質問に答えて「点数」を与える手段として広く使われている。この尺度はどんな点数のサイズでも可能で（しばしば1から5や1から7である），尺度上のそれぞれのポイントには名称がつけられている。たとえば5ポイントのリッカート尺度を用いた態度調査では，1点は「強くそう思う」を表し，5点は「強くそう思わない」を表し，3点は「どちらとも思わない」と同じ，等々となる。

倫理　ethics　正しいことと間違っていることを区別するために作られた一組のルール。